문이 닫히면 어딘가 창문은 열린다

문이 닫히면 어딘가 창문은 열린다

구십의 세월이 전하는 인생 수업

김욱 지음

서교책방

프롤로그

오래된 육신의 낡은 생각들을 정리하며

　오래 사는 게 자랑이 될 수 없는 시대를 살고 있다. 노화로 인한 육신의 절망쯤은 나만 겪는 일이 아니니 충분히 수긍하리라는 다짐을 반복한다. 그러나 내 주위 사람들과 더불어 그럭저럭 살아가게 해준 인생다움이라는 가치가 눈앞에서 훼손되어가는 순간들을 목격하는 경험은, 악착같이 살아낸 지난 세월을 자꾸만 후회와 번민으로 점철시킨다.

　날로 비루해지는 육신에서 후회와 절망이 싹트는 경험은 늙어본 자만이 느낄 수 있는 인생 최대의 공포다. 지금 거울 속 내 모습은 나의 기억 속 그 어떤 얼굴과도 닮지 않았다. 내가 이런 얼굴과 이런 표정을 짓는 사람이 되리라고는 상상조차 해본 적이 없다. 원하던 삶의 근처를 배회하며 상처받았고, 그에 대한 보상처럼 기대하지 못했던 삶과 사람들을 선물 받았다. 인생은 극단의 좌표들만 골라 나를 인도했다. 새로운 시대는 늘 낯설었고, 나는 끝내 나를 미워하는 사람들과 나를 사랑하는 사람들에게 익숙해지지 못했다. 삶의 모든 순간에 '계획'이라든지, '순리'라는 자연발생적 법칙 같은 건 끼어들 여지가 없었다. 생존과 종말이 찰나를 기회로 교차하는 치열한 긴장, 그 압박감을 이겨내고 다음 단계로 한발 나아갈 때면 어김없이 나의 얼굴은 타고난 표정 하나를 잃었다.

누군가의 흉터에서 위로를 찾는다는 것은 잔인무도하다. 누군가의 절망에서 새로운 희망을 발견했다는 환호는, 그 누군가에겐 지워지지 않는 수치가 된다. 그럼에도 나는 이 순간, 얼마 남지 않은 내 삶에 잔인한 수치를 또박또박 새겨나가고 있다. 여기 담아낸 글들이 내 인생의 마지막 수치이기를 간절히 기도하고 있다는 것을 굳이 밝히면서 말이다.

특정 신을 섬기지는 않지만, 신에 버금가는 인간의 지성과 오감의 무한한 부활과 윤회를 믿기에, 그 믿음에 기대어 내가 사라진 이후를 근심하거나 집착하지 않고 오롯이 내가 머물렀던 시간만을 성찰했다. 한 가지 다행인 것은 종말을 코앞에 둔 육신에는 얼마 남지 않은 생명만큼이나 부끄러움도 남아 있지 않다는 점이다. 나이 들어 좋았던 것은 오직 그 한 가지뿐이다. 나이가 들어서야 쓸 수 있는 글이 있음에 감사한다. 자연사를 지척에 둔 인간에게 지금 심경이 어떠한지를 정리해볼 수 있는 기회가 흔하게 주어지는 것이 아님을 알고 있다. 그래서 이렇게 글을 쓸 수 있는 오늘이 더할 나위 없이 행복하다.

이 글에 감히 가르침을 담아낼 생각은 추호도 없다. 선악을 판별하고 결과를 예단하는 인간의 교만이 뼈아픈 무지로 허망하게 돌아오더라는 것만 살갗이 에이도록 체험했다는 것이, 지나온 삶을 반추했을 때 내가 주억거릴 수 있는 몇 안 되는 조언의 전부다.

모든 경험이 정답이 되는 건 아니라는 경험만 숱하게 겪어본 자로서 내가 확신하는 유일한 정답은, 나를 따라다닌 그 많은 수치와 절망이 모든 이의 시간 속에서 불멸의 질서처럼 되풀이될 거라는 즐거운 기대뿐이다. 당신의 절망을 즐기겠다는 뜻이 아니다. 당신이 겪는 절망은 내가 이미 지겹도록 겪어본 것들이니, 만약 당신이 이 이야기를 읽게 된다면, 절망이 인간을 찾아다니는 한, 어쩌면 나의 이야기는 불멸할 수 있을지 모른다는 이기적인 욕망을 말하는 것이다.

그 욕망이 늙고 병든 한 인간을 살아남게 만드는 생명의 근원임을 이해해주시길. 이 욕망의 제물이 된 데에, 나는 일말의 후회가 없다.

차례

005　프롤로그 오래된 육신의 낡은 생각들을 정리하며

1장 삶의 끝이 오니 보이는 것들

015　모든 것을 잃은 후에야 다시 꿈을 꾸게 되었다
023　살아 있어도 되는 이유
030　나이가 들어서도 인생은 두려움의 연속이다
037　내 목숨에 남겨진 최후의 자신감
042　오직 시간만이 내 편이 되어주었다
049　쓸모 있는 사람을 주변에 두려면
　　　내가 먼저 쓸모 있는 사람이 되어야 한다

2장 흔들리고, 방황하고, 실패할지라도

- 065 나는 쇼펜하우어를 포기할 수 없었다
- 074 좋아하는 일을 하면 지치지 않는다는 거짓말
- 082 너는 왜 그곳에서 내게 말을 걸어오나
- 090 극이 끝날 때까지 가면을 벗지 아니하리라
- 098 모두가 포기하라는 시점에 전력을 다하는 힘
- 107 인생의 순간들을 고귀하게 만들어주는 것들
- 113 "아들아, 너는 나보다 나은 삶을 살게 될 것이다"

3장 끝나기 전까지는 끝난 게 아니다

- 127 풍파와 고비를 버텨낸 사랑만이 결혼생활을 유지시킬 수 있다
- 135 "할 수 있다. 여기서 포기하면 안 된다. 버텨보자"
- 143 최악의 악몽은 더 이상 꿈꾸지 않는 나를 발견했을 때였다.
- 149 타인을 용서하는 것, 다름을 포용해주는 것
- 156 세월은 여전히 흐르고 사람은 여전히 그립다

4장 쇼펜하우어처럼 살다가 톨스토이처럼 죽고 싶다

167 여든 살 소년의 표류기
175 부모는 나약하고 위태로운 존재다
183 나는 톨스토이처럼 죽고 싶다
191 아프리카 노인들은 나이 듦에 대한 보상을 부끄럽게 여겼다
199 "누구도 너의 생애에 너 이상의 영향력을 끼치지 못하게 하라"
206 수십 년을 투덕거리며 살아온 부부의 지혜

5장 문이 닫히면 어딘가 창문은 열린다

217 오늘 실패했기에 내일 새로운 일을 찾을 수 있다
228 나는 너무 많은 불안에 시달렸다
236 죽음이 좋은 까닭은 바깥으로 돌아간 시선을
    내 안으로 돌려준다는 점이다
243 호상에도 자격이 있다면
251 망한 이야기를 써달라는 청탁을 받으면
    나는 아주 기고만장한 얼굴이 된다
259 바닥까지 떨어지고 나서야 내가 용감한 사람임을 깨달았다
266 마지막 소원

275 **에필로그** 세상과의 마지막 작별 모습

1장

삶의 끝이 오니
보이는 것들

모든 것을 잃은 후에야
다시 꿈을 꾸게 되었다

 부끄럽게도 나는 올해 여든여덟 살이 되었다. 여든여덟 살이 부끄러운 연유는 사소하다. 열여덟의 나, 스물여덟의 내가 원했던 여든여덟의 모습이 되지 못했기 때문이다. 내가 소원하고 기대했던 팔십팔 년의 삶이 아니었던 탓이다. 나는 그저 이끌리듯 한세상을 살았다. 백년에 가까운 시절을 나는 그저 먹기 위해, 배설하기 위해 살아온 것만 같아 지나온 삶 앞에서 처연해진다. 만약에 내 모습이 제대로 씻지도 못한 노인네처럼 애처롭고 초라하다면 이유는 단 하나, 산다는 것이 내 뜻대로, 나의 바람대로 이루어지지 못했던 까닭이 크다.

 하루에 담배를 세 갑씩 태우고 날마다 코가 비뚤어지도

록 술을 마셔도 강건하기만 했던 찬란한 시절은 잠시 스치고 지나간 꿈만 같다. 삶에 연연했던 시간이 축적될수록, 내가 개입한 세상사 향방이 다양해질수록, 지켜야 할 소중한 인연이 더욱 귀하게 여겨질수록, 이 몸뚱이는 점점 더 나약해지고 내 뜻과 다르게 아파하기 시작한다.

그렇게 생의 말년이 다가오니 이 아픔이 나의 모든 것이 되어버린다. 하루하루 죽지 않고 눈이 떠졌구나, 죽지 않고 잠이 드는구나 탄식하며 삶이 내게 주는 허망한 고독에 눈물 흘리는 법까지 망각한 채 새벽녘에 습관처럼 잠이 깨는 날들이 반복된다. 그렇게 시작된 하루가 아름다울 리 없다.

부끄럽고 더러운 이야기지만, 이 나이 먹고 창피할 것도 잃을 것도 없다는 쓸데없는 자부심에 내 이야기를 꺼내자면 나는 이미 인간으로서의 기능을 한 가지 상실해버렸다. 내 몸을 사람답게 만들어주는 혈액과 모든 노폐물을 담아가는 수분을 외부로 꺼내놓지 못한다. 아직 남아 있는 일말의 자존심 때문에 설명이 난해해졌는데, 손주뻘 담당 의사 말로는 방광 기능을 상실했단다. 그래서 자발적으로는 소변을 보지 못한다.

치료를 받기 위해 우리나라에서 제일 크다는 대학병원에 입원했다. 입원 준비를 하며 의사에게 물어보았다. 이유가 무엇이냐고, 의사의 대답이 나를 아프게 했다. "늙음이 원인이라면 원인일 테죠."

그 말을 듣고 생각했다. 그렇구나, 나는 정말 늙어버렸구나.

병실로 옮기는 발걸음은 천근만근이었다. 그곳에는 나처럼 서서히 죽어가는 늙은 육신들, 젊어서 조국에 모든 삶을 빼앗긴 가엾은 노인들, 생때같은 식구들을 먹여 살리느라 등골이 휘어 곯아버린 불쌍한 아비들 천지이리라 생각했기 때문이다.

한데 착각이었다. 육인실 병실에는 새파랗게 어린 친구가 둘이나 있었다. 왜, 무엇 때문에 이들은 나와 같은 병명으로 이곳에 누워 있을까. 그중에서도 내 바로 옆자리에 누운 청년은 교통사고로 하반신 마비가 되어 죽을 때까지 스스로 요도에 소변줄을 넣어 강제 배설을 해야 하는 '자가도뇨' 상태였다.

이틀 동안 나와 같이 병원에서 가르쳐주는 대로 자가도

뇨를 배운 이 청년은 매일 밤 팔굽혀펴기를 했다. 설기만 한 잠자리에서 비굴해진 운명을 저주하며 잠을 청하려 들 때면 신경을 긁어대는 삐거덕거리는 쇳소리에 눈이 떠졌다.

퇴원하는 날 아침에 물어보았다. 팔굽혀펴기는 무엇 때문에 하느냐고. 내가 던진 질문의 의미는 병실에 있는 사람이라면 누구나 알아차렸을 것이다. 왜 팔굽혀펴기를 하는 건지 궁금한 게 아니라 단지 너의 행동에 잠을 설쳤으니 이쯤 해서 주변 사람들에게 피해를 주지 말고 자중하라는 것이다.

그런데 청년의 반응은 나의 예상을 뛰어넘었다. 그는 씩 웃으며 자랑하듯 말했다. "병원에서 퇴원하면 휠체어를 타고 국토종단을 해보는 게 꿈이에요." 그러고는 또다시 아침밥이 나오기 전까지 침대에 엎드려 몸뚱이의 절반을 반복해서 일으켰다.

나는 그가 부러워졌다. 절망과 공포 앞에서도 심장이 두근거릴 만큼 내일이 궁금해지는 그 막연한 희망. 우리는 모두 이래야만 돼, 라고 지적했을 때 사람들의 시선 따윈 아랑곳하지 않고 나는 안 그래도 돼, 라고 외치고 싶어 견딜 수 없는 삶을 향한 충동이 청년의 목소리에서 느껴졌다. 그리고 나 역시 그러한 한때가 있었음을 너무 오랫동안 잊고 지내왔다는 것을 깨달았다.

육이오 전쟁이 터지기 한 달 전에 나는 단편소설 하나를 완성해서 잡지에 응모했다. 심사위원은 당대 최고의 문학인 김동리 선생이었다. 일차 예심에 합격하고 이차로 소설 한 편을 더 제출해서 합격하면 김동리 선생의 추천을 받아 소설가로 등단하는 꿈을 이룰 수 있었다. 그때 나는 스무 살이었고, 대학에서 국문과를 전공하고 있었다. 그리고 이차 본심을 보름 앞두고 전쟁이 터졌다. 징집되어 전쟁터로 끌려가는 것보다, 사랑하는 부모님을 다시는 못 볼지도 모른다는 슬픔보다, 이대로 죽을 수도 있다는 공포보다, 소설가로 살아갈 나의 미래가 사라질지도 모른다는 사실에 좌절했다.

전쟁은 삼 년 만에 끝이 났고 나는 살아서 군복을 벗었다. 대학도 졸업했다. 하지만 나는 소설을 쓰지 않았다. 몸서리치게 잔인했던 현실이 나에게서 소설이라느니, 문학이라고 하는 허울 좋은 꿈을 빼앗아 갔다고는 말하지 않겠다. 그런 건 변명에 불과하다는 것을 이 나이까지 살면서 눈만 뜨면 목격했다.

물론 현실이 참혹했음은 부정할 수 없는 진실이었다. 그럼에도 누군가는 그 시절에도 소설을 썼으며, 부산으로 피난 내려간 이중섭은 쓰레기통에서 껌 종이를 주워다가 미쳐 날뛰는 황소를 그렸다. 나는 꿈을 좇는 이들을 비웃으며 휠체어에 올라타듯 직장을 구했다. 꿀꿀이죽은 흰쌀밥이 되었으며, 나는 모래밭 대신 잔디밭이 깔린 내 집을 갖게 되었다. 그 대가로 나는 삶의 의미를 잃어버렸다.

인간은 언젠가는 자신의 손으로 일군 모든 것을 잃는다. 하나뿐인 소중한 생명까지도 잃어야만 한다. 아마도 머잖아 나는 죽게 될 것이다. 그래서 나는 말할 수 있다. 산다는 것의 의미는 꿈을 꾸는 것이라고. 꿈꾸는 법을 망각하지 않고 보존하기 위해 우리는 살아가는 거라고…….

늙은 몸뚱이에서 강제로 소변을 끄집어내는 현실 속에서 나를 위로하는 유일한 희망은 그래도 아직 글을 쓸 수 있고, 나의 글을 읽어주는 이들이 있다는 것이다. 걸음이라는 인간의 기본권을 상실한 청년에게 휠체어를 밀어주는 유일한 희망이 이 가느다란 팔뚝인 것처럼 말이다. 이것이 처참한 현실에서도 스스로 포기하지 않고 생존을 거듭하는 의미다. 그런 의미를 찾게 해준 불행마저도 소중하다는 것을 나는 알게 되었다.

삶의 크기는 결코 작지 않다. 누구의 삶이든 어느 위인보다 거창하고, 그 어느 유명인만큼이나 잠재력을 타고났다. 꿈을 잃고 살아온 나는 모든 것을 상실한 일흔 살이 넘어서야 내 이름으로 된 책을 세상에 내놓았다. 내 손으로 쌓아 올린 재산과 명예와 사회인으로서의 자격마저 상실했을 때, 그런 내 곁에 남아 있었던 것은 다시 글을 쓰고 싶다는 꿈, 그것 하나였다. 어리석게도 나는 모든 것을 잃은 후에야 다시 꿈을 꾸게 되었다. 전쟁의 소용돌이에 휘말린 스무 살 시절로부터 반백 년의 세월이 더 흐른 뒤였다.

일흔의 나이에 글을 쓰고 세상에서 인정받는 것은 스무 살에 겪었던 전쟁보다 더 전쟁 같은 날들의 연속이었다. 매일 밤 나는 후회에 몸부림을 친다. 왜 나는 그때 소설을 쓰지 않았던가. 왜 일흔 살이 되어서야 다시 펜을 쥐었을까. 포탄에 맞아 무너져버린 강의실 뒤편에 천막을 치고 치렀던 졸업식이 끝난 다음 날, 왜 나는 원고지에 나의 꿈을 싣지 못했을까. 내 두 발로 걸어갈 수 있었음에도 왜 자신을 믿지 못했던가. 병실에서 만난 청년처럼 자신의 팔을

믿고 그 믿음에 인생을 던져보지 않았던 걸까……

  일흔 살의 내가 할 수 있었던 일을 스무 살의 내가 하지 못했을 리 없다. 단지 나는 비겁했을 뿐이다. 스무 살에 이루지 못한 꿈을 서른에, 마흔에, 쉰에, 예순에도 돌아보려 하지 않았다. 그래서 나는 지금도 후회하고 아파하며 삶의 끝자락에서 떠나버린 꿈이라도 되돌려볼까, 앙상한 고목 나뭇가지 같은 팔꿈치를 휘두르며 아직 내 손이 닿지 않은 흰 종이 한 장을 찾아 헤매는 중이다.

살아 있어도 되는 이유

"그 나이 먹고도 왜 결혼을 안 하는 거냐?"

요즘 들어 내가 아들 녀석에게 제일 많이 하는 잔소리이다. 그때마다 녀석은 고추냉이라도 잔뜩 씹은 표정이다. 그 당혹스럽고도 꺼림칙한 표정이 대답을 대신해주는 듯싶어 미안해지는 한편으로 마음이 급해진다. 결혼에도 적당한 나이가 있다는 세상 사람들 기준에 내 자식이 혹시 미달되는 건 아닌가, 하는 조바심이다. 자존심이 상한 아들은 무뚝뚝하게 방어벽을 쳐버린다.

"결혼이 뭐 쉬운 줄 아세요……."

그렇다. 결혼은 쉽지 않다. 나라고 그걸 모를 리 없다. 결혼이 얼마나 어려운 일인지, 그리고 삶에서 절대로 우선순

위가 될 수 없다는 것을 너무나 잘 알고 있다. 나도 한 여자와 오십 년 가까이 결혼생활을 유지해온 경력자다. 결혼은 끝이 아닌 고통의 시작, 부담의 시작, 새로운 억압의 시작임을 뼈저리게 맛보았다.

나는 젊은 시절 여러 여자를 사귀었다. 그런데 사랑이 깊어지고 서로의 미래가 머릿속에 구체적으로 그려지는 상황이 올 때마다 겁이 났다. 내가 이 여자를 진심으로 사랑하는지, 이 여자와의 결혼생활에 만족할 수 있을지, 둘이 함께하는 미래가 과연 내 삶에 진정으로 필요한지 고민했던 기억은 별로 없다. 나의 고민은 주로 혼자 벌어 둘의 입에 풀칠이나 하며 살 수 있을지, 결혼으로 내가 즐겼던 소소한 일상과 습관을 포기해야 한다면 어쩌나 하는 것들이었다. 여자들은 이런 나를 이기적이라며 비난했다.

이기심은 인간을 이끄는 엔진이나 다름없다. 나는 인간의 희생과 헌신에는 순수함이 없다고 믿는 사람이다. 사람들은 어려운 형편에도 자기보다 더 어려운 사람에게 양보하는 인간이 되었다는 자각으로 기뻐하거나, 타인을 돕는 것으로 정신적인 평화를 얻는다. 희생과 헌신이 본인에게 기쁨과 만족을 안겨주었다면 과연 그것을 순수한 희생이라고 불러도 좋은 것인가. 나는 솔직히 부정적이다.

육 남매 중 장남이었던 나는 집안의 지지를 받으며 대학을 졸업했다. 다섯 동생은 대학에 가지 못했다. 부모님은 나에게 대학을 졸업하고 좋은 직장을 얻어 동생들의 삶을 돌보라고 끊임없이 강요했다. 미래에 자신의 현재를 몽땅 갖다 바치는 부모의 무절제한 희생과 베풂이 나는 달갑지 않았다. 게다가 이 어려운 살림에 각자 살아남을 방도를 찾아보라고 방생해주지는 못할망정 장남의 등허리에 수저를 꽂고 그가 쓰러져 죽을 때까지 숟가락질을 멈추지 않겠다는 선포인가. 문제는 뻔한 살림에 자식을 여섯이나 낳은 부모에게 있는 거 아닐까. 한데 나더러 그들과 같은 삶을 살라니, 그 무책임한 관습에 질려버렸다.

나는 동생들에게 용돈을 준 기억이 없다. 다 큰 성인에게 용돈을 준다는 발상을 용납하고 싶지 않았다. 세상에 공짜는 없으며 그에 합당한 대가는 언제나 아프고 괴로운 법이다. 돈으로 부모와 자녀의 관계가 유지되고 재산상의 수치로 형제간에 연락이 끊어지지 않는다고 한다면, 차라리 시대적 부조리에 분노하는 동료들과 새벽이 올 때까지

거리의 포장마차에서 푼돈을 쓰는 게 위로가 되었다.

  내가 저주받은 가난의 굴레를 끊어내는 가장 좋은 방법은 나의 가난을 물려받을 수밖에 없는 운명의 탄생을 포기하는 것뿐이었다. 그리하여 나처럼 방황하고 나만큼 외로워질 게 뻔한 새 생명의 출현을 사전에 차단하는 비혼이 더 적절하다고 판단했다.

  그러나 나는 거짓말처럼 사랑에 빠졌다. 그리고 하나뿐인 아들이 태어났다. 내 나이 오십에, 친구들이 손주를 보는 나이에 나는 결혼에 대한 그간의 허황된 착각을 징계받듯 한 아이의 아버지가 되었다. 아주 못된 이야기지만 임신한 아내에게 포기하자고 권했었다. 자신이 없다는 말도 했다. 내 인생을 망치게 될 것 같아 겁이 난다는 비겁한 소리도 참지 않았다.

  그 아이가 스무 살이 되면 나는 일흔 살이 된다. 그때까지 내가 살아 있기는 할까. 젊고 건강한 아버지를 저 아이는 평생토록 기억하지 못하게 되는 것이다. 나는 그게 부끄럽고 가슴 아팠다. 아내에게는 털어놓지 못했던 진심이다.

  실제로 가슴 아픈 일들이 일어났다. 운동회 날 젊은 아버지들 사이에서 나는 할아버지 취급을 받았다. 아들의 친구들은 왜 너는 할아버지랑 이인삼각을 뛰느냐고 물었다. 아들이 열 살 되던 해에 나는 입에 틀니를 해 넣었다. 그간 늙은 애비의 허룩한 입 안이 불쌍했던 아들은 빼곡하게 들어선 인조 이에 감명을 받아 소중히 품에 안고 밖으로 뛰어나갔다. 아마도 친구들에게 자랑하고 싶었던 듯하다. 하지만 난데없이 구강에서 튀어나온 적나라한 치아의 형태를 목격하게 된 아이들은 골목이 떠나가라 울어댔고, 나는 졸지에 동네 꼬마들에게 악몽을 선사한 국내판 홍콩할배가 되었다.

  나는 살면서 단 한 번도 아들의 숙제를 봐준다던가, 책을 사준 적이 없다. 도리어 그 아이의 삶에 적잖은 피해를 주었다. 정년퇴직을 앞두고 고등학교에 갓 입학한 아들의 교복을 바라보고 있자니 육 남매가 뒤엉켜 뒹굴던 허름한 단칸방이 자꾸만 눈에 아른거렸다. 저 아이에게 해줄 수 있는 건 죽기 전에 돈을 물려주는 것 말고는 없다는 강박에 시달렸다. 나는 퇴직금과 아들 대학입학금으로 아내가 모아둔 보험과 적금을 깨서 제주도에 새로 짓는 백화점에 투자했다. 그리고 곧 IMF가 찾아왔다.

돈을 잃었다는 절망보다도 아들 눈에 비치는 나란 인간의 모습이 빈껍데기인 것만 같아 술로 밤낮을 지샜다. 결국 아들은 대학 입시를 포기하고 군대에 입대했다. 상근예비역에 배치되어 낮에는 예비군 조교로, 밤에는 주유소 아르바이트를 하며 충격에 빠져 대상포진을 앓게 된 제 어미의 약값을 벌었다.

나는 일흔 살이 넘어서도 이기적인 본성을 버리지 못했다. 이대로 삶이 마련한 낭떠러지에 몸을 던질 수 없다는 일념으로 글을 쓰고 번역을 하고, 불러주는 출판사 하나 없이 시간을 허비했다. 머릿속 어딘가에서는 아직 두 발로 걸어 다닐 수 있을 때 아파트 경비라도 해야 하는 것 아니냐, 아들 보기 부끄럽지 않느냐는 목소리가 울려 퍼졌지만 못 들은 척했다. 아들에게만은 돼먹지 않은 글 한 편이라도 써보는 척하다가 죽은 아버지로 기억되고 싶었다. 그 아이가 힘겹게 세상의 무게를 지고 자신의 걸음을 포기하지 않는 고된 현장에서 멀어지고 싶지 않았다. 나는 모든 걸 잃었지만 아이는 아직 아무것도 시작해보지 않은 빈손이었다. 그 손에 무엇인가 쥐어질 때까지 옆에서 발버둥 치는 철없는 아버지, 헛된 꿈에 목말라 정신 못 차리는 불쌍한 아버지로 남고 싶었다.

　머지않은 미래에 내가 겪었던 절망과 내가 품었던 질투와 나를 일깨웠던 가능성을 나의 아들이 그의 아들에게서 찾아내기를 소망한다. 내가 그러했듯이 나의 아들 또한 이 저주받은 세월에서 자신을 초월하는 생명의 힘찬 약동을 경험하며 겁에 질리기를 소원한다. 생명이라는 것이 얼마나 특별한지 깨닫게 되기를 바란다. 그 특별한 생의 굴레를 이겨내고 자신의 길을 걸어가게 되기를 기도한다.

　나는 내 아들이 결혼하고 가정을 이뤄 자녀를 얻게 되기를 바란다. 그 고통스러운 만남과 갈등의 틈바구니에서 나처럼 살아 있어도 되는 이유를 찾고 눈물 흘리게 되기를 간절히 기다린다.

나이가 들어서도
인생은 두려움의 연속이다

 나이가 들어서도 인생은 두려움의 연속이다. 아니, 전보다 더 두려워졌다. 세상과 마주하며 무자비하게 통치당했던 시간에 비례해 생의 공포는 이제 나의 모든 부분을 지배하려 들기에 이르렀다.

 삶을 지배하는 공포는 보이는 것이 전부가 아니다. 성공이라는 두 글자에 담긴 그림자 따위, 사실은 아무것도 아니다. 겉보기에 화려한 사람들, 자신이 하고 싶은 일을 하고, 생각나는 대로 함부로 말해도 되는 권리가 있는 것처럼 행동하는 사람들……. 나는 그 당당한 자신감 이면에 감춰져 있는 공포를 바라본다. 나 또한 그 공포를 감추며 살아왔고, 그것이 드러났을 때 맹수로 돌변하여 얼마 남지도 않은 이빨을 드러내었던 기억이 있기 때문이다.

요즘은 먼저 세상을 떠난 후배 생각이 자주 난다. 그가 신문사에 입사했을 때 나는 그의 사수 기자로 임명받았다. 지나치게 밝고 들뜬 모습이 가식처럼 느껴져 마음에 들지 않았다. 왜 그를 싫어했을까. 인간이 인간을 미워하는 이유는 단순하다. 내게 없는 표정을 그가 지을 줄 알기 때문에, 내가 하지 못하는 말을 그는 스스럼없이 입에 담았기 때문이다. 아마도 나는 그를 질투했으리라. 사람 비위를 상하지 않게 만드는 능글능글한 궤변, 상대가 감추고 있는 능력과 재능을 판단하기보다는 당장 눈앞에 드러난 표정에서 더 많은 것을 읽어낼 줄 아는 처세를 시기했는지도 모른다.

제 잘난 맛에 사는 나 같은 부류가 집단에서 침범당하지 않는 영역을 구축하려면 남보다 배 이상의 노력과 투쟁심이 필요하다. 나는 누구든지 내 기사를 건드리는 것을 용납하지 않았다. 편집부장이든, 데스크든 내가 발품을 팔아 입수한 현실의 단면에 구체적인 채색을 입혀 진실로 거듭나게 만든 기사에서 '이 문장을 빼라', '이런 논조는 위험하다'는 식의 참견을 용납하지 않았다. 그런 충고와 강압에 머리를 숙이게 되면 조직에서 나만의 정체성이 사라질 거라고 생각했기 때문이었다.

나는 숱하게 목격해왔다. 집단의 기조에 순응하는 개인이 얼마나 비참해지는가를 말이다. 처음에는 그들 말을 잘 따른다는 이유로 일말의 특권을 누리는 동료가 부럽기도 했다. 하지만 얼마나 얄궂은 일인지, 문제가 발생하여 누군가의 희생이 필요한 상황이 되면 시키는 대로 복종한 사람이 제일 먼저 옷을 벗거나 좌천하거나 뜬금없이 사태의 책임자가 되어 처벌받았다. 어찌 보면 그동안 누렸던 특권의 대가였을 것이다.

그리하여 나는 복종의 무의미함을 깨닫게 되었다. 회사에 적응하지 못하고, 사람들 속에서 홀로 튀는 짓을 서슴지 않아 왕따를 당하거나 아웃사이더로 분류되든 말든 오로지 능력 하나로 내가 필요할 수밖에 없게끔 스스로 갈고닦아야겠다고 마음먹었다. 어차피 내가 실수만 하지 않으면 아무리 마음에 안 들어도 절차를 무시해가며 나를 쫓아내지는 못하겠지, 라는 꾸며낸 당당함 속에서 혼자 안도했다고 봐야겠다.

후배는 그런 나를 '똥차'라고 불렀다. 물론 내 앞에서는 그렇게 말하지 않았다. 그가 나를 똥차라고 지목한 이유를 짐작해보면 다음과 같았다. 그 많은 잘나가는 선배 중에 하필이면 나처럼 처세와 대접에 무능한 인간을 사수로 두게 되어 상사들이 자신을 나만큼이나 말 안 듣고 제멋대로인 시건방진 놈으로 보게 될까 봐 두렵다는 것이다. 그가 꿈꾸는 성공의 길목에서 나란 존재는 냄새나 풍기며 앞길을 가로막는 똥차였다. 속으로는 기가 막혔다. 그래도 내가 저한테 아주 못할 짓을 한 것도 아닌데, 기자로서 갖춰야 할 세상에 대한 예절부터 기사 한 줄에 드러나는 낱말의 품격까지 나름대로 챙겨줬건만 뒤에서 나를 두고 폄훼한 말을 들으니 어찌 저럴 수 있나 싶어 큰 상처를 입었다.

하지만 나는 자발적 아웃사이더라는 나의 경계를 허물어뜨려서는 안 되었다. 나는 억울하고 화가 나는 속마음을 야비하게 숨기며 이것을 똥차라는 비하마저도 초월한 인간임을 드러내는 기회로 삼았다. 사수 기간이 끝나고, 후배가 다른 부서로 발령받게 된 그날 저녁 환송회에서 나는 그간의 소회로 '이제 똥차는 떠나가니 쓸 만한 세단을 뽑아서 잘해보라'고 술김에 넋두리를 내뱉었다.

후배가 내게 기대한 것은 그를 구원해줄 동아줄이었던

것 같다. 이십 대 중반의 젊은 기자가 삭풍이 휘몰아치는 독재정권 아래서 기사 한 줄 잘못 썼다가 쥐도 새도 모르게 끌려가 반신불수가 되는 선배들을 목격했으니 그럴 만도 했다. 어쩌면 나는 그렇게 용감한 자들을 보면서 어디에도 속하지 않는 것이 살아남는 길임을 본능적으로 알았는지도 모르겠다.

연줄은 철저하게 선택의 문제다. 어느 라인에 설 것인지는 각자의 판단이다. 그에 따른 보상은 달콤하기 그지없겠으나, 나와 대척점에 서 있는 자들에게는 자기 몫을 강탈당했다는 수치와 서운함이 되기도 한다.

나를 똥차로 불렀던 후배는 나와 다른 길을 걸어갔다. 그에게는 야심이 있었고, 성공에의 갈망이 넘쳐났다. 그래서 누구보다 열심히 일했다. 주어진 자리에서 최선을 다했다. 그가 생각하는 최선에는 사내 정치도 포함되어 있었다. 상사들은 그를 좋아했다. 후배들은 그를 동경했다. 승진도 원하는 대로 빨랐다. 내가 어렵사리 데스크 한자리를 차지하고 지방 주재 기자들을 관할하는 관리자가 되었을 때, 그는 이미 부장급이었다.

그러나 공고할 것만 같았던 우리의 격차는 하루아침에

달라졌다. 그가 머잖아 여당 공천을 받아 국회의원이 될 거라는 소문이 돌 때였다. 오랜 세월 우리를 지배하던 정권이 무너지고 그 자리를 새로운 군사정권이 차지했다. 신문사에서 나의 후배는 숙청대상 1호가 되었다. 보복은 차디차고 잔인했다. 권고사직을 거부하는 후배가 비상 출입구 옆에 책상을 가져다 놓고 앉아 있는 것을 보았다. 후배는 복도를 지나가는 우리의 발소리에도 고개를 돌리지 않았다. 꼿꼿이 허리를 세우고 미색으로 칠해진 벽만 바라보았다.

어느 날 책상이 사라졌다. 모진 박해와 창피에 결국 백기를 들었나 싶었다. 그런데 아니었다. 자살이었다. 그 말을 듣는 순간, 후배가 겪었을 공포와 두려움이 내 뱃속까지 얼어붙게 했다. 수십 년을 함께 일해온 동료들이 갑자기 무서워졌다. 내가 이 직업을 마지막까지 버텨낼 수 있을지 의구심이 들었다.

나는 그 후배처럼 열정적인 사람을 보지 못했다. 나는 그가 자신의 삶을 지나치게 사랑한다고 비난했었다. 너무 많은 것을 욕심낸다며 질투했었다. 하지만 그에게는 아무것도 없었다. 그가 잠시 누렸던 성공과 명예와 부는 전혀 손쓸 수 없는 곳에서부터 균열을 일으켰다. 이것을 누가 무슨 수로 막아낼 수 있을까. 단지 최선을 다했다는 이유로 나의 후배는 그토록 자랑스러워했던 이층 양옥집 거실에서 계단 난간에 넥타이로 목을 매고 죽었다.

 후배는 고작 마흔일곱 살이었다. 그 후로 나는 삼십여 년을 더 살아남았다. 그를 두렵게 만들었고 외롭게 만들었던 세상에서 삼십여 년을 더 버텨왔다. 잠자리에서 그를 떠올릴 때마다 누구의 삶이 더 행복인지를 자신할 수 없게 된 데에서 또 다른 두려움을 느낀다. 나는 분명 살아남았지만 행복하지 않았다. 그 친구에게 가장 미안한 것도 바로 이것이다. 살아남은 내가 결코 행복하지 못했다는 것.

내 목숨에 남겨진
최후의 자신감

 타인이 악마로 보일 때가 있다. 나를 괴롭히거나 내 것을 앗아가는 순간을 무기력하게 지켜봐야 하는 찰나에 그가 악마로 보이는 것은 아니다. 나를 바라보는 눈동자에서 '너는 또다시 상처받게 될 것이다. 사람들에게 너를 보여줄수록 두려워지게 될 것이다. 다른 사람들이 너를 어떻게 생각할지 두렵다는 걸 알고 있다. 실패할까 봐 두렵다는 걸 알고 있다.'라는 속마음이 드러날 때, 타인은 잠재적인 악마가 된다.

 내가 타인이라는 악마에게 익숙해져 정신적으로 성숙해지기 시작한 때는 사십 세 전후였다. 무려 사십 년 가까이 사람들에게 둘러싸여 살아왔음에도 사회와 조직, 가족의 일부로서 내가 맡은 역할 안에서 예상되는 상처를 방지하지 못한 채 굴곡 많은 시간을 보내야 했다. 다행히 마흔이 넘어가면서 자연스레 타인의 얼굴에서 감정의 필적을 알아보고 이해하고 소화할 수 있는 지혜를 얻게 되었다. 일종의 깨달음이다.

나는 소위 말하는 명문대학을 졸업했다. 대학 졸업장은 내가 이 세상에 어떤 공헌을 할 만한 능력을 보유하고 있는 사람이라는 증거가 되어주었다. 하지만 딱 거기까지였다. 세상이 원하는 건 단순한 증거가 아닌 실제가 있는 성과였다. 세상으로부터 성과를 요구받을 때마다 나는 뒷걸음질 치느라 분주했다. 인생의 무대에 함부로 나서기보다는 완벽한 기회가 올 때까지 눈을 감고 인내하는 편이 낫다는 느림의 미학은 핑계였음이 틀림없다. 나는 그것을 '겸손'과 '신중'이라는 말로 수식했다. 나를 앞질러 가는 이들을 악마로 묘사하며 그들이 감당한 수고와 헌신을 그러지 못하는 나에 대한 폭력이 아닌지 의심하며 빠져나갈 뒷문이 어디 있는지를 먼저 확인하는 데 게으름을 피우지 않았다.

나는 매사에 뒷자리에 머물기를 자처했음을 고백하고

자 한다. 뒤편에 쭈그리고 앉아 다른 인생들이 힘차게 앞으로 나아가는 것을 어리석다고, 가망이 없다고 빈정거리며 그들에게 악마가 되어왔던 순간들을 기억한다. 어쩌면 나는 굉장한 겁쟁이였는지도 모르겠다. 진실을 아주 조금만 읊어보자면, 나는 사람들이 나에 대해 뭐라고 말할지 두려웠다. 그래서 계속 맨 뒷줄에 남아 있었다. 그러자 세상 사람들은 나에게 점점 더 무관심해지기 시작했다. 나는 그들에게 선뜻 내 이야기를 들려줄 용기가 생기지 않았다. 어렵사리 준비한 학력은 이럴 때 큰 도움이 되었다. 세상은 내가 아닌 내가 졸업한 학교와 내가 다니는 회사의 규모를 평가하는 데 주저함이 없었다. 누군가가 이루어놓은 기나긴 시간의 축적에 기대어 살아온 셈이다.

12년 전 유대인의 성공 스토리를 담은 나의 첫 번째 책이 출간되던 날, 나는 과음을 했다. 술을 마시지 않고는 버티기 어려울 정도로 감정의 굴곡이 심했다. 마치 남의 아이 보듯 서평도 읽지 않고 신문 지면에 등장한 광고에도 눈길을 주지 않았다. 내게 몇 권의 번역을 맡긴 출판사 대표로부터 유대인에 관해 써달라는 제안을 받고 거절하지 못해 쓰게 된 책이었다. 나를 더욱 비참하게 만든 것은 사람들의 우호적인 반응이었다. 비슷한 부류의 자기계발서, 혹은 경영 서적을 집필해달라는 청탁이 연달아 들어왔다. 내 혼이 담긴 소설 속 문장들은 빛도 보지 못한 채 어두컴컴한 묘막 셋방에서 썩어가는 와중에도 내 이력과 학벌의 힘은 대단해서 유수의 기업에서 칼럼을 써달라는 제의가 빗발쳤다. 단꿈을 꾸듯 글을 쓴 시기였다.

전문가인 양, 생애에서 가져야 할 덕목과 해서는 안 될 실수들을 지적했다. 거듭되는 실패와 망신과 굴욕을 내방하느라 수없이 많은 날을 낭비했던 여든 살 노인이 어느새 경륜을 갖춘 '선생'으로 불리게 되었을 때, 나는 참을 수 없는 구토를 느꼈다.

프랑스의 위대한 철학자 장 폴 사르트르는 노벨문학상을 거절하는 이유로 '제도권에 구속당하고 싶지 않았다'라는 그럴듯한 이유를 들먹였지만 실상은 경쟁자였던 알베르 카뮈가 자신보다 먼저 노벨문학상을 받아서 배알이 꼴려서 그런 것이었다. 그런데 하필이면 사르트르에게 노벨문학상을 안겨준 작품 제목이 『구토』였다. 내가 목숨줄로 여겼던 남부럽지 않은 학벌과 이력들이 나의 실체를 옭아매는 족쇄처럼 느껴졌을 때, 나는 속에서부터 치미는 구역질을 참아내기가 어려웠다.

나는 나 자신에게 묻는다. 내가 그 어려운 시절에 대학을 나오지 않았더라도, 내로라하는 보수언론에서 삼십 년씩 월급쟁이로 목숨을 연명하지 않았더라도 사람들은 내가 살아온 시간과 목소리에 귀를 기울여줬을까? 나라는 인간 그 자체에 관심이나 가져줬을까? 죽는 날까지 풀지 못할 의심의 늪이다.

그러니 내가 하는 말에 자신감이라는 게 있을 리 없다. 나의 글이 늘 뒷간을 다녀오고도 손을 닦지 않은 것마냥 꼭지가 켕기는 까닭이 여기에 있다고 해도 과언이 아니다.

그렇기 때문에 어쩌면 나는 진실을 말할 수도 있지 않은가, 뒷문에 숨어 또 다른 꿈을 꾸어보는 것이다. 부디 나를 아는 이들은, 우리의 만남이 비록 흰 종이 위에 흩어진 검은 글씨에 불과할지라도 나의 처참했던 심경을 조금이나마 헤아려줘서 그들이 스스로 잔인한 악마가 되는 일이 없기를 바라 마지않는 꿈에 취해보고자 한다. 그리된다면 세상과의 작별이 조금은 아름다워지지 않을까. 내 목숨에 남겨진 최후의 자신감이다.

오직 시간만이
내 편이 되어주었다

지금 이 시간에도 확장되는 것은 크게 두 가지다.

첫째는 내가 살아온 날들이다.

전 재산을 잃고 빈털터리가 되었을 때 내 나이는 일흔이었다. 다시 내 명의로 된 집을 구입하기까지 칠 년이 걸렸다. 칠십 년에서 칠 년이라고 하니 인생의 십분의 일을 손해본 것 같은 기분이 든다. 그때 내가 욕심을 부리지 않았더라면, 그때 경매로 집을 잃지 않았더라면, 내 집을 낙찰받은 그이가 백만 원이라도 더 값을 올려주었더라면 칠 년 후의 내 모습이 조금은 나아지지 않았을까, 라는 괜한 망상이라고 해도 좋다.

그런데 이 시기를 달수로 환산해보면 구백여 개월의 삶

에서 고작 팔십 개월가량을 손해본 데 지나지 않는다. 손해보지 않은 달수가 무려 팔백 개가 넘는다. 이렇게 따져보니까 말장난 같기는 해도 왠지 모르게 일흔 살에 겪은 내 인생의 결정적인 실패가 대수롭지 않게 느껴진다. 구백 개의 달에서 팔십 개의 달을 잃었을 뿐이다.

두 번째는 '이자'라는 녀석이다. 정확히는 내가 갚아야 할 부채에서 파생되는 이자들이다. 이 또한 달을 기준으로 삼고 있다. 나는 매달 이자를 갚아나간다. 빚은 여든이 넘은 삶에서도 사라지지 않았다. 어쩌면 세상을 살아가는 기준은 부채에서 비롯되는지도 모르겠다. 우리는 저 보름달로부터 인력을 빌려 대지에 발붙이고 살아가며, 대기로부터 산소를 빌려 호흡하고 있다. 일상에 광범위하게 퍼진 손때 묻은 집기와 가구들은 내 손으로 만들어낸 것들이 아니다. 누군가의 노동이 이룩한 결과물을 돈이라는 약속된 가치를 지불하고 빌린 데 불과하다. 구입과 소비라는 과정에 공짜는 없다. 공짜를 바란다면 탈세가 되고, 비리가 되고, 강탈이 되고 만다.

그러니 죽음을 앞둔 나 같은 노인네가 여전히 빚에 허덕이며 삼십 일을 기준으로 부과되는 이자의 금리에서 헤어나지 못하는 것은 창피가 아니다. 물론 내가 무계획적으로 방만한 경제활동을 이어온 데에 책임이 있다는 것은 인정한다. 하지만 극소수를 제외한 사람들은 나이가 들어서도 빚을 지거나, 기존의 빚에서 발을 빼내는 과정에 있거나, 배우자와 아들과 딸과 손주들에게 보란 듯이 부채를 유산으로 남김으로써 고단했던 삶의 기록을 강제로 재생시킨다.

인생의 본질은 강제적, 그리고 자발적으로 늘린 빚을 갚아나가기 위해 허덕이는 과정에 있다. 삶에서 우리의 욕망이 이뤄질 때마다 내일의 삶은 밝혀지지 않은 가능성 하나를 상실한다. 욕망으로 점철된 이율의 등락이다. 오늘의 삶이 선명한 바퀴 자국이 되어 내일의 기억과 영혼이 걷게 될 길을 정해버린다. 이 또한 빚의 일종이다. 그것도 아주 무거운 부채가 된다.

나는 살던 집을 담보로 은행에서 돈을 빌렸다. 그리고 제주도에 새로 짓는 백화점에 투자했다. 백화점 수익률에 따라 매월 배당금이 지급된다는 말을 의심하지 않았다. 백화점은 IMF와 함께 부도가 났고, 내가 사는 집에는 압류를 알리는 붉은 종이들이 나부꼈으며, 나중에 가서는 경매로 처분되었다. 경매에서 처분된 집값은 내게 돈을 빌려준

은행과 카드회사 몫으로 배당되었다. 무일푼이 되어 살 곳을 찾았지만 나에게 돈을 빌려주겠다는 채권자는 나타나지 않았다. 더는 제공할 담보도 없었고 직장인도 아니었다. 그 말은 세상이 일흔 살의 나에게 아무런 의미도 찾지 못하겠다고 차갑게 선고하는 것이나 다름없었다.

　나는 삼백 년 전에 형조판서를 지낸 이의 제사를 지내주는 대가로 어느 문중의 묘막에 기거하게 되었다. 이처럼 비극적인 결말이 나를 기다리리라고는 상상도 하지 못했다. 집과 재산을 잃고 가난을 초과하는 파산을 목격하면서 나에게는 가망이 없다는 불치의 선고를 스스로 내려버렸다. 일 년 넘게 건강보험료를 내지 못해 의료보험이 박탈당했을 때는 사회적으로 사망선고를 받은 기분이었다. 마치 '당신은 이 사회에 존재해야 할 의무가 없으니 사라져도 관여치 않겠습니다.'라는 말을 들은 것 같았다.

　그때의 박탈감과 모멸감이 반사적으로 내 안에서 무엇인가를 일깨웠다. 나는 누구인가. 나는 무엇을 해야 하는가. 아니, 무엇을 할 수 있는가. 나아가 무엇을 하며 죽음을 기다릴 것인가. 문득 이런 생각을 해보았다. 결국, 사람은 죽기 위해 태어나는 것이 아닐까. 빈털터리가 되어 죽음을 맞이하는 것, 그것이 삶의 전부였다. 희망을 품기 위해, 사랑하는 사람을 만나기 위해 태어나 살아가는 것이 아니다. 처음부터 가져보지 못한 사람은 몰라도 꽤 많은 것을 가지고 누려봤던 사람은 그것들을 잃게 되었을 때 깨닫게 된다. 상실이라는 극단의 망각에는 시간과 공간을 초월하는 힘이 있다는 것을…….

사랑했던 기억, 감사했던 기억, 성취와 희열의 감각은 집과 돈과 그것들을 소유라는 울타리 안에 억지로 편입시켰던 세월을 지켜주지 못한다.

나는 목숨을 잃지 않았다. 죽을병에 걸렸다면 차라리 나았으련만 내 몸은 잠들지도 못할 만큼 예민하게 반응하고 있었다. 단지 내 이름이 나열된 몇 개의 사회적 서류, 예를 들어 등기부 등본과 토지대장, 국민건강보험에서 탈락하는 아쉬움을 겪게 되었을 뿐이었다. 그리고 이것들 중 상당수는 정직한 손길과 시간으로 이룩한 게 아니었다. 빚과 맞바꾼 껍질이었다. 나는 나를 휘감고 있는 껍질을 지켜내기 위해 일말의 망설임조차 없이 나의 삶을 이자로 지불하는 데 주저하지 않았다.

그리고 나는 아직도 내 명의로 된 부채들을 늘려나가는

중이다. 어쩌면 죽을 때까지, 슬프게도 죽음 이후에도 빚은 계속될 것이 분명하다. 신용이라는 것, 나라는 개인과 얼마만큼의 경제적 이해를 나누는 것이 가능한지를 확인하는 평가에서 나의 부채는 나를 증명해주는 귀중한 자료가 된다. 세상은 내가 빚진 액수를 통해 '나'라는 인간을 가늠한다. 내가 과거에서 현재까지 운용하는 빚을 보면 미래에 얼마를 더 빌려줘도 환수할 수 있을지 계산이 나온다는 것이다.

나는 그들이 말하는 생산에 도취되어 평생토록 내 삶을 담보로 책정하는 선입금에 취해 있었다. 내일을 당겨쓰는 과오들이 무한히 반복되었다. 내가 저지른 가장 큰 실수는 땀을 요구하지 않는 달콤한 꿈에 취해 있었다는 것이다.

꿈에서 깨어나 눈을 떠보니 나는 얼굴 표피마다 빚진 횟수를 알려주듯 주름이 가득한 백발의 노인이 되어 있었다. 그럼에도 내가 여전히 빚을 지며 살아가는 까닭은 끝이라고 생각했던 때가 언제나 끝이 아니었기 때문이다.

지쳐 쓰러지고 싶다고 되뇌었을 때, 시간은 언제나 내 편이 되어주었다. 아직 시간이 좀 더 남아 있다고 말해주었다. 아무도 내게 그 무엇조차 빌려주지 않던 시기에 오직 시간만이 내게 손을 내밀어주었다.

    시간의 손을 잡고서 나는 천천히 인생의 빚을 갚아나간다. 부디 같은 실수를 되풀이하지 않기를 기도하면서.

쓸모 있는 사람을 주변에 두려면
내가 먼저 쓸모 있는 사람이 되어야 한다

나는 어렸을 때 별명이 '크렘린'이었다. 크렘린은 러시아 차르의 궁전이다. 수많은 미로와 함정들, 쓰임새가 밝혀지지 않은 비밀의 방들이 넘쳐나는 곳이다. 그곳은 비밀스러운 내면이 외장의 붉은 벽돌로 감춰져 있다. 친구들은 좀처럼 속내를 드러내지 않는 내게서 크렘린을 보았다.

나는 여간해서는 마음의 문을 열어주지 않았다. 내 안에는 아주 많은 함정과 거짓 미로들이 설치되어 있었고, 쓰임이 밝혀지지 않은 방들이 넘쳐났다. 나는 이 비밀의 공간들이 저 악랄하고 잔인하며 치졸하기 짝이 없는 인간들, 정확히는 인간의 사악한 본성으로부터 나를 지켜줄 것이라고 확신했다. 그런 한편으로는 아주 이기적이게도 누군가가, 정말 진솔한 누군가가 있는 그대로 나를 바라봐주며 내게서 그 어떤 이득도 탐하지 않고 내 안의 빗장을 풀어주기를 기다렸다.

나는 많은 사람을 시험했다. 집과 학교와 동네와 직장에서 가족과 친구와 동료와 선후배를 끊임없이 시험했다. 그들이 내 영혼의 붉은 궁전에서 어떤 식으로 길을 잃게 될는지, 언제쯤이면 내게서 원하는 것을 얻지 못해 실망하여 나를 떠나게 될지 궁금했다. 나에게 미소를 베푸는 저의가 무엇인지 확인되기 전에는 절대 미소로 화답하지 않았다. 내가 그들에게 그러했던 것처럼 그들 또한 나를 끊임없이 시험하고 의심하고 신뢰하지 않을 거라고 넘겨짚었다.

그래도 슬프거나 서운하지 않았다. 내 주위에는 사람들이 아주 많았다. 손만 뻗으면 언제든 이용하고 버릴 수 있는 일회용 만남이 즐비했다. 그렇다고 해서 사람들이 나를 비난했을까? 전혀 아니다. 그들도 나와 똑같았다. 그들에게 나도 일회용 만남 중 하나였고, 도움이 될 만한 쓸모 있는 인맥 중 하나에 불과했다.

이런 관계를 통해 나는 한 가지 분명한 사실을 발견하게 되었다. 쓸모 있는 사람들을 주변에 두려면 내가 먼저 쓸모 있는 인간이 되어야 한다는 점이었다. 나의 개인적인 향상을 위해서가 아니라 필요한 순간에 필요한 이들에게 도움을 받고 그들을 이용하기 위해서, 나는 나를 키워나가는 데 능숙해졌다. 사람을 대하는 기술, 내 본심을 드러내지 않고도 사람들이 눈치껏 내 필요를 알아차리고 채워주게 만드는 비법, 내가 저지른 실수를 다수의 구조적 폐해로 둔갑시키는 요령과 다 함께 책임져야 하는 상황에서 혼자 알리바이를 만들어 미움받지 않고 이탈하는 처세도 알게 되었다.

수십 년간 이어진 충실한 직장생활, 신문기자로서의 사명감, 한 여자의 마음을 훔친 연인으로서의 책임감도 그런 식으로 몸에 익혔다. 사랑마저도 요령만 알아내면 손쉽게 얻을 수 있을 것 같았다. 그래서 나는 아주 오랫동안 사랑을 믿지 않았다. 사랑에 빠졌다는 말을 혐오했다. 그 사람이 아니면 안 된다는 뻔한 증언은 그 사람이 아닌 다른 사람을 만나보지 못했다는 협소한 경험 탓이라고 여기게 되었다.

우정이라는 감수성 넘치는 단어는 나이를 먹을수록 우스꽝스러운 옛 기억이 되었다. 각자의 요구와 그 요구를 들어줄 수 있는 환경이 구축되었을 때 이를 확인하는 보다 문학적인 용어가 우정이었다. 세상은 그런 곳이었다. 그런 세상에 적응해버린 나는 세상을 더욱 그런 곳으로 만들어 나갔다.

굳게 닫힌 붉은 궁전 앞에서 나를 아는 이들은 촬영을 하고 기념품을 샀다. 그것으로 나에 대해 모든 것을 알아차리기라도 한 것처럼 정겹게 어깨동무를 청하는 사람들이 우습기만 했다.

사회부 기자라는 명함에는 많은 의미가 담겨 있다는 것을 알고 그것을 이용하는 재주를 늘려가는 데도 오래 걸리지 않았다. 분명 나도 정의로 가슴이 두근거리고 우리 모두의 정의를 무엇보다 두려워하던 때가 있었다. 하지만 기사가 돈이 된다는 것을 깨달았을 때, 나의 이익에 도움을 주겠다는 유혹이 닥쳐왔을 때, 나는 모두의 정의를 말할 수 없게 되었다. 모두를 위해 희생한다는 각오를 다지기에는 내 지갑은 너무나 얇고 가벼웠다.

운 좋게 편집부 데스크를 맡게 되자 기자들이 촌지를 넣어주기 시작했다. 자기가 쓴 기사를 사회부 앞면에 크게 실어 달라는 청탁이었다. 나는 이것을 범죄로 생각하지 않기로 했다. 지금껏 내가 노력해온 데 따른 정당한 보상이라고 자처했다. 그것이 부끄러움과 두려움에서 벗어나는 유일한 방편이었다.

그녀가 나를 찾아왔을 때, 그래서 부끄러웠고 동시에 겁이 나서 화가 났다. 그녀는 모 제과업체의 노조원이었고, 이십 대 초반을 갓 넘긴 어린 아가씨였다. 그 제과업체에는 어린 소녀들이 많이 근무하고 있었는데, 쉬는 날도 없이 공장 쪽방에서 열댓 명씩 뒤엉켜 잠들며 주간과 야간에 교대로 껌과 초콜릿을 포장하는 생활은 달콤함과는 거리가 멀었다. 회사는 야근수당도 주지 않았고, 기계에 손이 끼어 절단 사고가 발생해도 치료비는커녕 내쫓기 일쑤였다. 지방에서 상경한 가난한 딸들은 컨베이어 벨트의 차가운 톱니바퀴에 손가락뿐만 아니라 삶의 희망까지 잃었다. 부당한 대우에 대항할 방법은 힘을 합쳐 정당한 대우를 되찾는 것뿐이었다.

그러나 회사는 소녀들의 요구를 묵살했다. 묵살하는 것으로 끝내지 않고 언론을 동원해 소녀들의 목소리를 왜곡하는 짓도 서슴지 않았다. 북한의 공작을 받았다, 배후에

반정부 인사의 선동이 있다는 식이었다. 소녀들은 회사의 괴롭힘보다도 자신들의 슬픔을 이용하려 드는 세상의 눈총과 목소리에 더 큰 상처를 받았다.

그녀는 이 회사에서 근무하는 관리직 사원이었다. 그녀는 대학을 졸업하고 남자들과 똑같은 시험을 치러 당당하게 자신의 권리를 쟁취한 컨베이어 벨트의 톱니바퀴들 가운데 하나였다. 그동안 나를 찾아온 소녀들과는 태생부터 달랐다. 그녀는 가난한 농부의 딸도 아니었고, 동생들 때문에 학업을 중단하지도 않았으며, 아무런 대가 없이 휴일을 빼앗기는 일도 없었다. 회사는 그녀가 요구하는 야간수당과 정기휴가와 병가 신청에는 북괴의 공작이나 배후에 정치적 음모가 의심된다는 말을 하지 않았다. 대학을 졸업한 새내기 커리어우먼이라는 고급스러운 포장지 덕분이었다.

그래서 궁금해졌다. 나의 상식으로는 이해되지 않는 행동이었기 때문이다. 회사가 보낸 프락치인가 의심도 해보았다. 만약에 프락치라면 흥분해서 말까지 더듬으며 회사가 저지른 그동안의 비리와 소녀들에 대한 비인간적 처우, 기자라는 사람이 어떻게 그따위 날조된 기사를 사실처럼 포장해서 진실을 왜곡할 수 있냐며 숨도 쉬지 않고 쏟아내는 그녀의 열변은 여느 여배우 못지않은 재능임이 틀림없었다.

    나는 책임 지고 다시 취재해서 사실을 바로잡겠다며 그녀를 어르고 달래서 돌려보낼 심산이었다. 그러나 그녀는 끈질겼다. 취재날짜를 약속해주지 않으면 돌아가지 않겠단다. 억지로 약속해주자 그제야 소녀들을 데리고 돌아갔다. 궁금함을 참지 못하는 기자의 속성상 물어보지 않고는 답답함이 가시지 않을 것 같아 돌아서는 그녀의 뒤통수에 대고 왜 이런 선택을 했느냐고 물어보았다. 그녀는 눈치가 빨랐다. 앞뒤 맥락도 없이 던진 질문의 요지를 정확히 간파해냈다. 동료잖아요……. 나는 쓴웃음을 지었다.

    약속한 날짜에 회사를 방문했다. 어디서 소식을 들었는지 본사 임원들이 나를 반겼다. 정문 앞은 나를 찾아왔던 소녀들의 구호로 요란했다. 임원들이 안내하는 대로 그녀들을 피해 후문으로 들어가려는데, 어느새 알아차린 소녀들이 기자가 왔다며 모여들었다. 이미 몇몇 소녀들이 후문에 매달려 회사 간부들과 몸싸움을 벌이고 있었다. 몸싸움 중인 여직원들 속에 그녀가 보였다.

사십 년도 훨씬 넘은 일이지만 나를 쳐다보는 그 눈빛을 잊지 못하겠다. 속았다는 분노와 믿음을 배신당한 서글픔, 약속을 헌신짝처럼 버리는 인간이 실존하는구나, 라는 허망한 각성 너머로 눈물이 글썽이는 듯한 인상을 받은 것은 나의 착각이었는지도 모른다.

소녀들이 떼로 몰려오자 한 간부가 나를 데리고 주차장으로 뛰었다. 우리는 사장 기사가 운전하는 검은 세단을 타고 종로의 고급 요정으로 향했다. 대낮부터 술을 마셨고, 다음 날 호텔에서 눈을 떴을 때는 머리맡에 두둑한 봉투가 놓여 있었다.

호텔 사우나에서 찌뿌둥한 몸을 씻고 느지막하게 출근하는데, 신문사 정문에서 한 무리의 소녀들이 내 이름을 부르며 온갖 욕을 퍼붓고 있었다. 각 지방의 토속적인 방언이 뒤섞인 걸쭉한 욕설에도 나는 콧방귀도 뀌지 않았다. 이로써 내가 할 일은 분명해졌다. 지금까지 해왔던 방식대로 회사에서 시키는 대로, 정부에서 시키는 대로, 세상이 시키는 대로 힘 있는 자와 나에게 한 푼이라도 금전적 이득을 안겨주는 자들의 편에 서면 되는 것이다. 나는 그녀들의 뒤에 노동운동을 조직하는 대학생들이 있고, 그 대학생들의 배후에는 민주사회 전복을 기획하는 정체가 드러나지 않은 집단이 도사리고 있다는 기획 기사를 연재했다.

  수면이라는 본능을 받은 대가로 인간은 너무나 많은 것에 눈을 감아버린다. 더욱 편한 잠자리를 갖추기 위해 때로는 자발적으로 수면제와도 같은 금전적 유혹에 취해버린다. 나는 이것이 인간의 본능이라고 생각한다. 그래서 비난하지 못하겠다. 나 또한 그 같은 선택에 아무 거리낌이 없었다는 자책은 잠시 외면하더라도, 다시 그 시절로 돌아가 진실의 열쇠를 선택해 구멍조차 보이지 않는 미련한 증명의 제물이 될 것이냐고 묻는다면 대답은 그럴 수 없다가 되겠다.

  양심의 가책이라는 징계에서 자유로워지는 가장 빠른 처방은 반복해서 가책을 되풀이하는 것이다. 지금의 가책이 이전의 가책을 밀어내고, 다음의 가책이 지금의 가책을 덧칠해 가리는 기술은 꽤 유용하다.

  그에 대한 보수로 회사는 내게 진급과 보너스, 작지만 꽤 유용한 권력을 허락해주었다. 그리고 더 큰 거짓말, 도저히 빠져나올 길이 보이지 않는 망각의 늪을 펼쳐놓으라고 명령했다. 일하다 다쳐도 병원에 가지 못하고, 법으로 정해진 공휴일에도 쉬지 못해 아파서 앓는 소리를 내는 소녀들을 북한 정권의 사주를 받은 공산주의자, 적화통일을 꿈꾸는 불순분자로 분장시켜보라는 지시에 나는 손이 떨려오기 시작했다.

자유를 향한 인간의 갈망은 생각보다 강력하다. 인간이 직업을 선택하는 이유에서 가장 큰 지분을 차지하는 것은 '자유'임이 당연하다. 권력에 다가감으로써 더 많은 자유가 파생된다. 그래서 타인의 자유를 말살하는 한이 있더라도 내게 자유가 지급되면 그 달콤한 성취에 흠뻑 빠져 이성적인 판단을 놓치고 마는 것이다.

그런데 옳지 않은 수단으로 제시된 자유는 자유가 아니었다. 자유의 탈을 뒤집어쓴 속박과 범죄의 재갈이었다. 그 대가로 이제는 쓰고 싶지 않은 기사를 써야 했고, 반드시 특종을 만들어내야 했으며, 세상의 쓴맛을 잠시 보여주는 정도가 아니라 그녀들을 세상에서 영원히 추방해야 할지도 모르는 지경까지 밀어 넣어야 했다.

나는 동료들과 함께 술을 마시며 비겁한 정국과 그에 기생하는 편집국장을 성토했다. 내막에는 괜한 짓을 했다는 자책이 있었다. 나의 주정에 맞장구를 쳐준 동료들은 그런 속내를 알고 있었을 것이다. 우리 모두 이런 식으로 월급의 노예, 명분의 노예가 되어 포로로 붙들린 가족의 생사에 안절부절못하는 기자 나부랭이가 되었기 때문이다.

문득 그녀가 궁금해졌다. 나를 비난하던 손등이 하얗던 아가씨의 '동료잖아요'라는 목소리. 그녀는 알고 있었을까, 다음은 자기 차례일지도 모른다는 것을. 인간이 인간을 믿어야 하는 이유, 인간이 인간과 공생해야 하는 이유는 서로가 서로에게 성벽이 되어주고, 서로가 서로에게 열쇠가 되어주기 때문인지도 모른다는 것을 나는 마흔이 다 되어서야 어렴풋하게나마 의심하게 되었다.

크렘린, 자랑스러운 나의 궁전. 나를 감싸고 있는 붉은 벽돌은 나 혼자만의 장식품이 되어서는 안 되었다. 그 속을 아무도 들여다보지 못하고, 미로 같은 처세에 속아 길을 잃게 만들어서는 안 되었다. 때로는 누군가를 그 성벽 안으로 피신시켜야 했으며, 때로는 문을 열고 내가 가진 것들을 나눠주는 희생도 필요했다.

하지만 나는 서로가 서로에게 벽이 되어주고, 서로가 서로에게 문이 되어주는 관계를 어리석은 짓으로, 가당찮은 약자들의 변명으로, 내 것을 탐하는 강도의 눈빛으로 오인하여 날이 선 칼끝을 겨눴다.

이를 깨달았을 땐 이미 사태의 책임자라는 이름으로 더 큰 거짓과 발을 뺄 수 없는 복종의 덫으로 단단히 구속된 뒤였다. 선택을 미룰 수는 없었다. 나를 바라보던 그녀의 눈빛이 지워지지 않았다. 무엇이 나를 이토록 비굴하게 만들었을까. 도대체 나는 언제부터 그녀가 갖고 있던 눈빛을 잃어버린 걸까.

나도 모르게 결혼 전 아내의 행방을 수소문하기 시작했다. 여공들과 함께 해고당해 변호사를 수소문 중이라는 소식을 들었다. 용기를 내고 싶어졌다. 연락처를 알아내는 건 쉬운 일이었다. 찻집으로 불러내 변호사를 소개해주고 싶다고 말하자 아내는 당황스러운 표정을 짓더니 경멸하는 눈초리로 노려보다가 내 신발에 뜨거운 커피를 쏟아버리고는 유유히 나가버렸다.

이전의 나였다면 포기하고 돌아섰을 것이다. 하지만 그러고 싶지 않았다. 내 영혼의 붉은 궁전이 어느새 나 자신에게마저 굳게 닫혔음을 확인했기 때문이다.

2장

흔들리고, 방황하고, 실패할지라도

나는 쇼펜하우어를 포기할 수 없었다

 나이 칠십이 넘어 작가의 길에 들어서게 되었음에도 운이 좋았는지 벌써 열 권이 넘는 책을 썼다. 몇 달 전에도 책 한 권 분량의 원고를 탈고했다. 인간사회에 등장하는 다양한 군상들이 보여준 처세와 그들의 욕망이 빚어내는 갈등을 분류해서 고찰한 내용인데 결론부터 말하자면 십여 군데가 넘는 출판사에서 거절당했다.

 이유는 가지각색이었다. 비슷한 부류의 책들이 이미 서점가에 쫙 깔렸다는 이야기, 내용이 진부하다는 평가는 그나마 들어줄 만했다. 다루고 있는 주제에 비해 사색이 가볍다는 비판과 단락의 구성 사이의 연결점이 미흡해 결말에서 제시되는 마무리에 박력이 느껴지지 않는다는 비평에는 솔직히 자존심이 상하고 상처도 받았다.

　자존심이 상한 까닭은 그들이 내가 쓴 원고의 가치를 몰라봐서가 아니었다. 나도 뻔히 알아차렸던 문제점을 너무 손쉽게 파악해버리는 정확성에 나도 모르게 주눅이 들어서였다. 물론 거짓말을 하려던 것도 아니었고 없는 이야기를 지어낸 바도 아니었다. 그런데 읽는 이의 눈썰미는 어쩜 그리 다 비슷한지 한 군데 출판사에서 거절당하면 대다수 출판사에서도 똑같이 거절당했다.

　『해리 포터』처럼 수십 군데 출판사에서 거절당한 책이 큰 성공을 거두는 경우는 너무나 희박한 확률이다. 결과론으로 원고의 가치를 알아보지 못한 출판사는 아쉬워하겠지만, 막상 당시로 돌아가 똑같은 선택의 기로에 놓이게 된다면 열에 아홉은 출판 불가라는 동일한 선택을 따르게 될 것이다. 왜냐하면 『해리 포터』같은 판타지 소설은 독자가 한정되어 있어 시장이 좁기 때문이다. 아이들만 읽어서는 수지가 맞지 않는다. 그런데 어른들은 웬만해서는 판타지 소설을 집어 들지 않는다. 꾸준한 실패를 통해 출판사마다 축적한 데이터에 의하면 『해리 포터』는 실패할 가능성이 큰 판타지물에 불과했다. 마찬가지로 내가 쓴 원고도 그들 눈에는 실패할 가능성이 큰 졸작으로 비쳤을 것이다.

　열 권이 넘는 책을 쓰는 동안 '퇴짜' 맞은 원고들이 상당하다. 그중에서도 가장 아쉬움이 남는 원고는 쇼펜하우어의 일생을 다룬 것이었다. '애초에 태어나지 말았어야 했다. 그게 아니라면 일찌감치 죽어버리는 편이 낫다.'라던 쇼펜하우어의 막무가내식 부정론이 내 눈에는 마냥 철없는 어리광으로 비치지 않았던 이유를 모르겠다. 인생은 그 자체로 비극이라는 쇼펜하우어의 글에 빠져들면 빠져들수록 제대로 살아남고 싶다는 한 인간의 갈망이 내 것처럼 생생하게 느껴졌다. 그러다 보니 세상의 뻔하디뻔한 통속적 시선들에 부딪혀 몸부림치는 쇼펜하우어의 고뇌가 새삼 절절하게 느껴져서, 삶의 비극을 저주하는 그의 입술이야말로 가중 섞이지 않은 진실한 생명에의 경의라고 멋대로 판단하게 되었다.

　공들여 쇼펜하우어 평론을 썼다. 우리보다 출판시장이 넓고 깊은 일본의 철학 전문 서적을 구해 탐독하며 니힐리즘이라는 허명에 갇혀버린 쇼펜하우어의 철학을 제대로 알려주겠다고 혼자 흥분했던 모양이다. 그렇지만 출판사에서 돌아온 대답은 같았다.

첫째로는 내 실력이 부족했고, 둘째로는 내가 철학을 전공한 박사가 아니라는 점이었다. 그때 든 생각은 우리나라에서는 철학을 전공한 직업 학문인이 아니고서는 철학자라는 한 인간의 삶을 논해서는 안 되는가, 라는 의문이었다.

그리고 셋째로 독자들이 많이 찾지 않을 것 같다는 양해였다. 그 말도 아주 비약은 아닌 것이, 이백여 년 전 쇼펜하우어의 삶에 관심을 가질 만한 사람이 요즘 와서 얼마나 될까. 인생은 혼자 미쳐가는 것이 정설이라는 쇼펜하우어의 주정에 가까운 궤변보다야 온라인이라는 전선 속 세상에서라도 가공의 친구를 만들어 삶을 속여보라는 마크 저커버그의 속삭임이 더 절실하게 다가오는 것이 당연했다. 쇼펜하우어 원고를 읽어달라고 보냈더니 대뜸 마크 저커버그에 관한 책을 써주실 수 있는지 질문했던 어느 에디터의 말이 생각나서 하는 이야기다.

쇼펜하우어에 관한 원고를 완성하는 데 일 년 육 개월이라는 시간이 소모되었다. 원고지 매수로 환산하면 천 매가 넘었다. 아쉬운 마음에 글자 수를 따져봤더니 십팔만 자였다. 팔만대장경에는 못 미쳐도 십팔만 글자를 써내려가는 데 들어간 노력과 시간이 한순간에 물거품이 되었다.

나를 감동시켰던 쇼펜하우어의 철학과 내 손으로 만들어낸 십팔만 개의 글자를 이대로 사라지게 둘 수 없다는 절박함으로 서른 곳이 넘는 출판사에 연락을 해서 그들에게 마치 내가 쓴 원고가 세상에 다시없을 명작이라도 되는 양 입에 거품을 물며 장광설을 늘어놓았다. 이메일로 원고를 보내고 답변이 돌아오기까지 대략 보름이라는 시간을 기다려야 했다. 완벽에 가까운 확률로 출판사 서른 곳에서 거절당했으니, 출판의 가부를 확인하여 듣게 되기까지 내가 기다린 시간만 해도 반년이 넘었다. 나중에는 자꾸 거절당하고 실패하는 데 이력이 나서 한 번에 대여섯 출판사에 원고를 보냈다.

강원랜드에서 주사위를 만지작거리는 사람들의 심정이 이와 같지 않을까. 나중에는 정신이 어떻게 되었는지 원고를 보내고 퇴짜 맞은 곳에 또 보내는 실수를 연발했다. 지난번에 어려울 것 같다고 말씀드리지 않았느냐는 담당자의 짜증 섞인 통화에 쇼펜하우어의 진실이 문제가 아니라 나부터 정신을 차리지 않으면 가뜩이나 좁은 출판계에 간신히 발붙인 그간의 경력마저도 날아가겠다는 위기를 느꼈다.

그럼에도 나는 쇼펜하우어를 포기할 수 없었다. 그가 내 삶에 끼친 영향들은 세상에 알려진 것처럼 니힐리즘의 극치, 부정의 대명사쯤으로 치부하기에는 너무나 강렬한 긍정을 담고 있었기 때문이다.

용기를 내어 거절당한 출판사에 연락했다. 무엇이 그들로 하여금 출판을 꺼리게 만들었는지 물어보았다. 종합해 보니 가뜩이나 방대한 쇼펜하우어의 삶을 있는 그대로 드러내는 데 국한된 글이라는 설명이었다. 핵심적인 몇 가지 주제에 집중하는 편이 접근하기에도 좋고 읽는 데에도 부담이 덜할 듯싶다며 의견이 모였다.

지치고 실망한 가운데서도 다시금 힘을 내어 쇼펜하우어에게 다가갔다. 이번에는 조금 다른 접근이었다. 내가 읽고 감동한 쇼펜하우어가 중요하다는 생각부터 버렸다. 이해와 감동은 각자의 몫이다. 내가 느낀 쇼펜하우어를 독자에게 강요한다는 발상부터가 실수였다는 생각에 동의하기로 했다. 나는 쇼펜하우어의 작품 중에서 젊은 독자에게 도움이 될 수 있는 단락들을 주제별로 간추려 편역하는 것으로 방향을 바꾸었다.

편역은 번역과 달리 역자의 의도가 매우 큰 비중을 차

지한다. 번역이 한 권의 작품을 온전히 다루면서 원작자의 의도를 훼손하지 않는 데 목적을 둔다면 편역의 주체는 저자가 아닌 독자의 몫이다. 작품 중에서 독자에게 필요한 대목만 제시한다는 점이 인스턴트식품을 닮은 것 같아 반감이 들었지만, 이런 편견도 물리치기로 했다.

국내에 번역 출간된 쇼펜하우어의 책은 학술서로서의 색채가 너무 강했다. 물론 쇼펜하우어는 철학사에서 위대한 지분을 갖고 있는 중요 철학자임이 틀림없다. 그러나 전문 철학인이 번역한 쇼펜하우어는 대중이 접근하기에는 표현과 낱말에 강단의 분위기가 지나치게 짙었다. 그들에 비해 나는 대중 독자를 상대하기에 적합한 문장과 개성을 갖추었다는 장점이 있었다. 이를 적극적으로 내세워 출판사를 설득했다. 어렵지 않은 쇼펜하우어, 큰맘 먹지 않고도 다가갈 수 있는 쇼펜하우어, 생활의 찰나에 언제든 등장할 수 있는 쇼펜하우어를 다루고 싶다는 의도에 몇 군데 출판사에서 관심을 보였다.

그렇게 쇼펜하우어의 책이 나왔다. 책을 읽는 사람이 줄어들고 인문학은 위기라지만, 나를 표현하는 것이 더할 나위 없는 재능으로 평가받는 현대 사회에서 문장의 폭과 깊이를 확장시켜주는 쇼펜하우어의 담론은 지나간 이야기가 아니었다. 다행히 이 책은 많은 독자에게 큰 사랑을 받았다. 처음의 실패가 아니었다면 이룰 수 없는 성공이었다. 확신에 가득 차 있던 나를 버리지 않았다면 맛볼 수 없는 기쁨이었다.

실패는 크게 두 가지로 분류할 수 있다. 첫째는 부주의와 오판에서 비롯되는 실패다. 나머지 하나는 시행착오에서 비롯되는 실패다. 이왕지사 실패를 경험해야 한다면 적극적으로 후자를 권한다. 부주의와 오판에서 비롯되는 실패는 나중이 없다. 하지만 시행착오로 겪게 된 실패에는 '다음'이라는 돈 주고도 살 수 없는 준비 기간이 주어진다. 전자의 실패는 대부분 은폐하는 것이 해결책이다. 우리 사회를 멍들게 하는 각종 사건과 사고들은 사소한 부주의, 당연한 절차와 합리적 관례를 무시하는 데서 시작되었다. 그리고 이를 덮어버리기 위해 계획된 은폐를 시도한다. 이것은 실패를 통해 경험할 수 있는 최악의 결말이다. 은폐된 실패는 동일한 실패의 반복으로 재생을 거듭하기 때문이다.

실패는 속성을 이해하는 것이 중요하다. 어차피 실패했

으니 포기하고 다른 시도로 눈을 돌리기보다는 실패한 경험을 분석하여 나만의 지식으로 체계화하는 것이 필요하다. 그래서 똑같은 실패를 최소한 두 번은 맛봐야 한다. 포기는 충분히 노력하고 준비했음에도 같은 실패를 또다시 반복했을 때 선택해도 늦지 않다. 처음의 실패는 비슷한 실패를 예방하며 뜻하지 않은 창조의 기회로도 이어진다는 것을 잊어서는 안 된다.

돌이켜보면 내가 세상에 발표한 열 권의 책 중에 실패를 겪지 않은 책은 없었다. 몇 번의 실패를 거듭했기에 지금의 모습으로 누군가의 눈과 가슴에 스며들 수 있었다. 창조적 실패였던 셈이다. 창조적 실패는 어려운 일이 아니다. 그냥 내가 당한 실패를 찬찬히 살펴보기만 하면 된다. 그러면 그에 대한 해답은 실패 안에서 저절로 발견된다.

좋아하는 일을 하면
지치지 않는다는 거짓말

 좋아하는 일을 하면 지치지 않는다는 말은 세상에서 가장 받아들이기 힘든 위로다. 좋아하는 일이기 때문에 더 빨리 지치고, 더 많이 자학하게 되고, 더욱 냉정한 눈으로 자신의 한계를 보고 절망하게 된다.

 그 전에 좋아하는 일이 뭔지 모르겠다는 소리도 들린다. 한마디로 내가 무엇을 좋아하는지 모르겠다는 이야기인데, 나는 이보다 아름다운 거짓말을 들어보지 못했다. 설마하니 '좋다'라는 감정을 못 느끼는 정신병자가 아니라면 결국 논점은 '일'이 될 것이다. 일에서 좋아하는 감정을 느껴보지 못했다는 것은 고백이 아니라 그 일을 좋아하는 감정에서 벗어날 변명거리를 찾고 있다고 하는 게 더 정확할 것이다.

나는 농사에 꽤 소질이 있다. 재미도 있다. 트랙터가 고르게 훑고 지나간 밭에 쟁기로 물고랑을 내는 작업에서는 현학적인 감동마저 느낀다. 세상의 어느 철학책도 생명의 탄생을 준비하는 밭고랑의 일정한 간격 사이에 숨어 있는 논리적인 태동을 묘사해내지 못한다고 생각한다. 일 년생 곡식의 생장에서마저도 타자와의 거리가 유지되어야 하며, 씨앗이 뿌리를 내리는 데 필요한 공간과 서로의 이파리가 뒤엉키지 않을 정도의 개별성이 주어져야만 하는 것이다. 농부는 씨를 뿌리기도 전에 생장의 결과와 갈등을 예측해야 하는 직업이다. 경험을 바탕으로 계산이 이루어져야 하는 발견, 그것이 농사의 본성이었다.

봄비에 흠뻑 젖어 가라앉은 흙더미에서 나는 다가오지 않은 여름 뙤약볕과 가을의 소스라진 곡식의 숨결을 느끼고 황홀해했다. 사계절 중 봄만이 반복되기를 바랐다. 봄 중에서도 삼월만 계속되는 것이다. 그러면 나는 쟁기를 들고 뛰쳐나가 밭에 고랑을 내며 고랑과 고랑 사이에서 벌어질 발아의 생육과 번성의 질서를 머릿속으로 마음껏 상상할 수 있게 된다.

하지만 나는 글을 쓰고 있다. 쟁기 대신 펜을 손에 쥐고 있다. 아무것도 심기지 않은 밭 대신 아무것도 적히지 않은 백지를 마주하고 있다. 사년제 대학을 졸업했다든가, 농부와 작가라는 단어가 품고 있는 사전적 의미 이상의 시선은 한쪽으로 젖혀두고, 다만 글 쓰는 작업이 쟁기질보다 더 좋아서라고 말하고 싶다. 추수가 끝난 뒤 공허한 줄기만이 남아 다음 해 봄을 기약하지 못하는 허망함보다는 출간되어서도 이름 석 자가 뒤따르며 나의 공로를 어렴풋하게나마 기념해주는 저작예술의 고통을 사랑하기 때문이라고 말하고 싶다.

나는 글을 써서 먹고사는 직업작가다. 사람들은 나를 보고 여든여덟 살의 현역 작가라며 인터뷰를 요청한다. 몇 군데에 정기 칼럼을 쓰고 있으며, 번역작가로서 이백여 권의 일서를 우리말로 옮겼다. 그러나 나는 점점 더 글을 쓰는 작업에 회의를 느끼고 있으며, 자신감을 상실하는 중이며, 언제쯤이면 이 일에서 해방될 수 있을지 궁리를 멈추지 않고 있다. 아마도 내가 죽어야만 글 쓰는 일에서 벗어날 수 있으리라. 그러므로 나의 최종 행복은, 죽음에 있다고 해도 과한 말이 아니다.

나는 꽤 오래전에 한국 남성의 평균 수명을 훌쩍 뛰어넘어 버렸다. 누군가는 그런 내게서 장수와 노익장을 떠올린다. 그러나 나는 그저 더해지는 날짜에 대칭해 머리가 예전과 같지 않음을 인정하는 것이, 기억이 더는 새로워지지 않는다는 것이, 한 글자 한 글자 써 내려가는 데 더 많은 피로가 가중된다는 점이 불길한 종말을 암시하는 것 같아 두려워질 뿐이다.

한때는 내가 쓴 글이 제본을 거쳐 서점 매대에 오르기만 해도 삶에 여한을 남기지 않겠다는 각오를 했었다. 그런데 내가 쓴 글이 책이 되어 서점 매대에 오르자 '한 권 더 쓰고 싶다, 좀 더 이름이 알려졌으면 좋겠다, 더 많은 사람이 나를 알아봐줬으면 좋겠다'는 생각이 들었다. 이런 감정을 욕심으로 치부하고 싶지는 않다. 인간은 욕망의 충동에 눈을 감지 않음으로써 전진에 필요한 동력을 얻기 때문이다.

그런데 그 과정이 조금도 즐겁지 않았다. 즐겁기는커녕 고통과 번뇌로 가득하다. 더 좋은 글을 쓰고 싶다는 욕심은 고통을 유발하는 통점이다. 하지만 내가 그 욕심을 버리면 나는 세상에 널린 무명작가들, 문화센터에서 글짓기를 배우는 아주머니들, 몰래 시인을 꿈꾸는 재수생과 다르지 않게 되어버린다. 내가 꾸리는 글 밭은 나만의 것이 아니다. 독자의 비위를 맞추고, 내 나이에 어울리지 않는 젊은 생각을 강요당하고, 그 나이가 되었으니 당연히 문제에 대한 해결책을 가지고 있지 않겠느냐는 억측에 시달린 기생의 결과물이다.

그런데 나에게는 지혜와 대안이 없고, 오히려 정열과 패기가 사라져 눅눅해진 오래된 마음뿐이다. 그 마음에 갇혀 죽음과 노년의 가난을, 사람들로부터의 외면을 걱정해보는 것이 고작이다.

그리하여 나는 새벽에 일어나 땅콩버터 한 숟갈을 뜨거운 블랙커피에 녹여낸다. 벌써 이십 년 가까이 이어져온 나만의 반복적인 일상, 글쓰기에 앞서 벌이는 의식이다. 그깟 버터에 들어간 땅콩 몇 알이 뭐라고, 부디 내 머릿속 늙은 세포에 힘과 용기를 북돋워주기를 간절히 기도하며 스탠드를 켠다. 엉성하게 노트북 키보드를 두드리는 짓은 하지 않는다. 이 순간만큼은 나 자신에게 솔직해져야 한다. 손이 따라가지 못하는 뇌리는 불행하다. 나는 손에 쥔 세월이 삼십 년은 족히 넘은 파카 만년필에 사르트르가 생전에 사랑했다는 소문만 듣고 반해버린 블루블랙 잉크를 채워 흰 여백에 누군가에게 읽히기를 간절히 소망하는 글자들을 하나씩 늘려나간다.

여간해서는 쓸 말이 떠오르지 않는다. 나의 뇌는 링 위에서 쓰러진 무하마드 알리의 그것만큼이나 푸석푸석하다. 알츠하이머, 파킨슨, 노인성치매, 아들의 얼굴을 잊어먹고 아내에게 존댓말을 하며 누구시냐고 묻는 내 모습이 그려지는 것은 찰나에 지나지 않지만, 그런 날이 정말로 찾아오기 전에 한 자라도 더 쓰고 싶다. 한 글자라도 더 써야만 한다. 가난해지지 않기 위해 팔십팔 년을 버텨온 나의 오른팔은 순진무구의 가면을 쓴 백지 위에서 소리가 나지 않는 노랫말을 흥얼거려야 한다.

원고지로 이십 매, 하루에 내가 토해낼 수 있는 분량이다. 에이포 용지로 환산하면 고작 두 장 남짓. 내 경우에는 남의 글을 번역하기는 쉬워도 내 글을 쓰기란 어려웠다. 자존감이 부족해서 그런 건지도 모르겠다. 내가 게을렀는가 하면 그렇지 않았다고 자신한다. 불과 십 년 전만 해도 하루에 원고지 백 매 분량을 번역하고는 했다. 더는 그날을 자랑하지 못하는 까닭은 내 몸이 늙어 이제는 그만한 작업을 해내지 못한다는 아쉬움 탓만은 아니다. 그때의 절박했던 심정을 이제 몸 어느 구석에서도 찾을 수 없다는 사실을 받아들이는 것이 너무나 아프다.

새벽부터 일어나 떨림과 긴장에 부대끼며 최선을 다한 결과가 에이포 용지 두 장이다. 이것을 채우는 하루하루의 고통은 참아내기 힘들다. 그럼에도 감사하는 까닭은 에이포 용지 두 장 분량의 글쓰기조차 허락받지 못한 청춘들이 얼마나 많은지 잘 알고 있기 때문이다. 밭을 갈고 글을 쓰는 건 모두에게 허락된 자유다. 농사는 여름 한 철만 참아내면 가을에 여문 작물이 수고한 이에게 주어지는 반면에, 글이라는 것은 제아무리 많이 쓴들 읽어주는 이가 없으면 일기나 메모 같은 잔상에 머무른다. 글로 먹고산다는 것은 지극히 개인적인 생각과 주장, 경험을 모두의 것으로 환원시켜야만 하는 작업이다. 밭고랑은 마음 내키는 대로 갈아엎는 것이 가능해도 글 한 줄, 단어 한 개가 미치는 정신의 성장은 결코 글쓴이의 소유가 될 수 없다.

이 사실을 인정하게 되기까지 많은 실패를 반복했다. 내가 농사를 좋아하는 이유는 어찌 보면 이와 무관하지 않다. 과정에 상관없이 쭉정이라도 일궈내는 대지의 쏨쏨이에 비하면 타인의 영혼에서 수확을 기대하는 저작예술의 무모함은 글 한 모금에 자신의 인생을 바치려는 예비 작가들에게는 영겁의 수형과도 같다. 생활이라는 감옥을, 독자라는 절대 권능의 심판자 눈에 들기 위해 벗어날 길 없는 노예제를 스스로 추종하는 것과 다름없기 때문이다.

   그럼에도 내가 새벽에 밭으로 나가지 않고 책상 앞에 앉아 끝이 보이지 않는 심해를 닮은 블루블랙 잉크에 영혼을 맡기는 이유는 그 많은 좌절과 실패를 종이 위에서 견뎌온 지난날의 내 모습이 안쓰러워서다. 또 하나, 다른 길을 찾아 나서기에는 시간도 촉박하고 그럴 만한 기회도 없다는 것을 누구보다 잘 알고 있기 때문이다. 이것이 다행인지 비극인지는 아직도 선뜻 대답할 자신이 없다.

너는 왜 그곳에서
내게 말을 걸어오나

등산을 좋아하는 편은 아니다. 그래도 봄에는 꼭 산을 찾는다. 이름에 '악嶽'자가 들어간 가공할 경사의 산등성이는 언감생심이므로 기껏해야 나라에서 콘크리트를 깔아 도보 길을 만들어준 자연휴양림을 물색한다.

내가 제일 좋아하는 곳은 원주에 있는 백운산자연휴양림이다. 용이 승천하는 야단법석 가운데 만들어졌다는 굽이굽이 계곡에는 시멘트와 자갈이 번갈아 깔려 있어 자가용까지 오르내릴 정도로 도로가 널찍하다. 호젓한 그 길을 거니는 것이 한때는 주말을 기다리게 하는 이유였다.

이곳에는 봄마다 진달래가 지천으로 피어나는데, 이 장관을 슬픈 기색으로 눈요기 삼는 것이 퍽 즐겁다. 백운산을 훑고 내려오는 용수골이라는 계곡 넘어 등산로가 개척되지 않은 자연 그대로의 등성이에 피어난 연분홍 꽃잎 무리는 마치 피를 토한 것처럼 뿌려져 있다. 그 인상을 가감하지 않고 토로하자면, 봄의 전령이 찾아오기 백 일 전쯤을 기해 절박한 가난에 질려버린 한 시인이 아내와 어린 아들딸이 고이 잠든 방 안에서 청산가리를 입에 털어 넣고 뿌려대었다는 핏빛을 닮은 듯 보인다. 그것을 보고 있자니 숱한 고비와 낙심의 위기를 견뎌온 늙은 마음마저도 처절하게 붉은 꽃잎에 미혹되어 계곡 저편으로 몸을 던지고 싶다는 강렬한 충동이 들끓는다.

아내와 자식 옆에서 음독자살한 시인의 이름은 김소월이다. 사랑한다는 말 대신 그립다는 시를 남긴 남자, 그래서 아무에게도 고난에 치여 엉망이 되어버린 속내를 드러내지 못하고 가족과 그의 시를 기억하는 독자들 곁에서도 홀로 외로웠던 사람의 마지막은 진달래빛 핏물의 고독이 전부였다. 젊고 외로웠기에 김소월의 시는 영원토록 순수한 절창으로 남을 수 있었다.

나는 용수골이 내려다보이는 산 중턱 간이의자에 앉아 벼랑을 움켜쥐듯 피어난 꽃들의 향연에서 눈을 떼지 못한다. 내 불완전한 생의 수단과 과정은 잔인하리만큼 저 낭떨어지의 들꽃을 닮아 있다. 험준한 세상에 뿌리를 내리고 살아가야 하는 자들에게 조금씩 아스러지는 흙덩이는 최대의 위협이다. 시인에게 시를 쓰는 일뿐만 아니라 생계와 경제적 위상까지 집결시키는 불합리한 벼랑 끝 대지 위에서 피어난 꽃잎들은 지나치게 아름다워서 더 큰 비극이 된다.

내가 아니어도 이곳에는 보이지 않는 빈자리를 가득 채우는 누군가가 있구나 싶어 지금껏 아등거리며 힘을 주고 버텨냈던 벼랑 끝 위태한 삶이 한없이 야속해진다. 누군들 한갓진 길가에 잘 꾸며놓은 화단 속 주인공이고 싶지 않겠는가. 낱풀이었던 시절부터 바람에 떠밀려 몸을 기댄 곳이 왜 하필 위험천만한 바위 끝, 아무도 돌봐주지 않는 무명의 대지란 말인가.

그것이 서러워 화려한 봄볕에도 마음이 시들해질 때쯤 내게 말을 걸어온 사람이 있었다. 제복을 입고 있는 것을 보니 휴양림을 관리하는 직원인 듯싶었다. 젊은이는 옆에 앉아 내게 이런저런 말을 건넸다. 대강 눈치를 보아하니 혹시나 근무시간에 운도 없이 늙은이가 암벽 밑으로 추락이라도 자행할까 싶어 다가온 모양새였다. 그가 그렇게 말한 것도 아닌데 괜히 불쾌했다.

그런 한편으로 외롭던 차에 말이라도 걸어주어 반가운 마음도 들었다. 산에 득실거리는 동년배가 아니어서 더욱 좋았다. 혼자 산을 찾는 나이 지긋한 인종들의 공통점은 고독이다. 나는 그 고독을 부정할 의사가 없으나, 그들은 나와 조금 다른 경우가 많았다. 내 처지를 자신들 처지에 빗대어 넘겨짚는 건 관여할 바가 아니지만, 그들은 요모조모 심사를 헤아리는 척하다가도 결국에는 본인들 하소연을 늘어놓았다.

젊은 사람이라면 적어도 그리하지는 않겠지, 약간의 기대감 서린 눈빛을 착각했는지 그가 자신의 이야기를 끄집어냈다. 어디서 오셨느냐는 질문은 자기가 어디 산다는 걸 알려주고 싶은 편향된 친절이다. 여기 왜 이렇게 쓸쓸히 앉아계시느냐는 질문은 한창 혈기 왕성한 나이에 토요일 오전을 낙상사가 예상되는 늙은이 옆에서 허비해야 하는 자신의 처지에 대한 왜곡된 비관이다. 물론 그의 표정과 말투는 더없이 친절했고 따뜻한 관심으로 넘쳐났다. 이 모든 오해가 다 세상 헛산 늙은이의 어설픈 짐작임은 두말할 나위 없다.

하지만 나는 진심을 다해 김소월의 죽음과 벼랑 위에 피어난 진달래 한 무리를 혼자 독점하고 싶었다. 그의 관심이 반갑지 않았던 이유다. 그럼에도 젊은이의 관심이 따스한 햇볕처럼 동파 직전의 내 마음을 녹여준 것도 사실이었다.

젊을 때나 늙을 때나 인간은 시기에 구애받지 않고 고독하며, 그러하기에 서로의 체온과 목소리를 그리워한다. 진달래는 저 혼자 피어나지 못한다. 산야에 흩어지는 태양의 빛줄기가 없으면 진달래는 연분홍 꽃잎으로 절규하지 못한다. 들어줄 이의 존재를 기대하며 김소월은 혀 밑에 독약을 뿌리기 직전까지 가족의 얼굴을 바라봤을 것이다. 가난한 가장이라는 자괴감과 부담감에 김소월이 생을 버린 거라고는 생각지 않는다. 가족 중 누구도, 친구 중 누구도, 그의 시를 기억하는 독자 누구도 그의 고통스럽고 외로운 오늘에 관심을 보이지 않았기에 김소월은 죽은 것이다. 따라서 김소월의 죽음은 타살이다. 이 얼마나 비참한 형벌인가. 무관심만으로도 사람을 죽일 수 있다는 것이……. 이 형벌은 죽은 이들의 몫이 아닌 그들을 죽인 우리가 받아야 하는 벌이다.

이제는 선배라 부를 만한 이름도 얼마 남지 않았지만, 얼마 전 나보다 한 살 많은 선배가 죽었다. 젊은 시절부터 그는 우러름을 받기에 부족함이 없는 삶을 살았다. 두 아이를 미국으로 유학 보내고 홀로 남겨졌음에도 사회 지도층으로 분류된 선배를 찾는 이들이 끊이지 않았다.

그랬던 선배가 방 한 칸, 화장실 하나, 싱크대 한 개가 고작인 강남 오피스텔에서 세상을 떠난 지 보름이 지나서야 발견되었다. 그마저도 오피스텔 관리인이 선배의 현관 앞에 쌓여가는 신문들을 수상히 여겨준 덕분이었다. 그 방에서 선배의 소유는 매트리스 하나, 20인치 구형 브라운관 텔레비전 하나, 수저 한 세트, 양복 두 벌이 고작이었다. 미국에 사는 아내와 두 아이는 아버지의 부고를 듣고도 좀처럼 한국에 귀국하려 하지 않았다.

생전 선배와 인연을 맺었던 몇 안 남은 늙은이들끼리 모여 장례를 치렀다. 이십여 년 만에 만나는 영정 속 선배는 그 옛날 화려했던 시절의 오만불손한 독재자가 아니었다. 거의 모든 야망을 이뤄낸 자의 쓸쓸함이 묻어나는 얼굴이었다.

장례는 초라했다. 아내와 아이들은 끝내 오지 않았다.

항공권을 구하지 못했다는 말이라도 해줘서 고마웠다. 우리 삶에 그 남자는 없습니다, 그에게 해줄 말이 없습니다, 라고 차갑게 전화를 끊지 않은 것만으로도 고마웠다.

이십 년 전, 선배가 장관직 세평에 올라 세간의 주목을 받았을 때는 기자들이 선배의 집 앞에 모여 밤을 새웠다. 선배의 말 한마디를 취재하기 위해서였다. 그 무렵 선배의 둘째아이 결혼식이 명동 성당에서 있었는데, 어찌나 많은 사람이 찾아왔던지 근처 교통이 마비되었고 나는 결혼식장에 들어가지도 못했다. 모두가 선배에게 말 한마디 걸고 싶어 안달했던 시절은 이제 외로운 영정 사진 속 필름 너머에서만 찾아볼 수 있었다. 백운산 등성이의 진달래 한 무리 가운데는 내가 존경했고 더없이 질투했던 선배의 모습도 숨어 있는 것만 같았다.

나는 그 젊은이에게 고맙다는 말을 해주지 못했다. 좋은 밭을 즐기는 한가로운 시간을 방해받은 것처럼 앙탈을 부렸지만, 그날 나는 사실 무척이나 외로웠다. 그날만이 아니다. 어쩌면 태어난 순간부터 나는 외로웠는지 모른다. 이런 감정의 정체가 외로움인지는 잘 모르겠지만 사람들이 나를 동정 어린 시선으로 본데도 나쁘지 않다고 생각한다. 내 불쌍한 몰골이 누군가에게는 혐오를, 또 누군가에게는 관심을 불러일으키는 요소가 된다면 나는 앞으로 조금 더 불쌍해질 준비가 되어 있다.

  오래 사는 것이 능사는 아니다. 많은 부와 사회적 지위를 달성하는 것 또한 궁극의 행복이 되어주지는 못한다. 갑작스럽게 작은 목소리로 말을 걸며 다가오는 익숙지 않은 이들의 출현. 왜 하필 그 자리에 네가 있었으며 나에게 말을 걸어주었나, 라는 매일의 경험들. 우리네 삶은 오늘 하루가 전부인 듯싶다. 그날 내게 위로가 된 우리의 대화는 몇 마디가 전부였다. 하지만 나만큼이나 고독하고 타인의 목소리가 그리웠을 그들에게 인사 한마디 건네주지 못한 나 자신이 한스럽기만 하다.

극이 끝날 때까지
가면을 벗지 아니하리라

 나 같은 사람도 가끔 인터뷰를 할 때가 있다. 사실 세상이 궁금해하는 건 내가 쓴 글이 전부는 아니다. 그들이 내게서 바라는 하나의 캐릭터랄까, 그것은 늙어서도 좌절하지 않고 묘막살이에서 구사일생으로 살아남은 여든이 넘은 노작가라는 가면이다. 그 이야기는 여든이 넘지 않은 이들이나 묘지기라는 나락으로 떨어져보지 않은 이들에게 지금의 실망과 불만을 행운으로 착각하게끔 만드는 연출로 구성된다. 저런 늙은이도 운 좋게 건져 올려졌으니 내 인생도 아직 절망하기는 이르다, 자신을 속이고 싶은 것이다.

 그 사람들과 나의 삶이 눈곱만큼도 닮지 않았음은 중요

하지 않다. 그들이 원하는 것은 내가 알고 있는 진실이 아니다. 진실이라 불리는 것 중에서 쓸모가 있다고 생각되는 아주 작은 일부를 가져다가 자기 삶에 덧대고 싶을 뿐이다. 물론 전혀 없는 이야기는 아니다. 그래서 더욱 위험하다. 내 안의 다양한 모습과 생각 중에 타인으로부터 인정받게 되는 것은 단 하나인데, 나도 모르는 사이에 그들이 손뼉을 쳐주는 단 하나의 표정, 그들이 인정해주는 어느 한 시기를 나의 전부로 삼게 될 수 있기 때문이다.

인간은 극도로 자기중심적인 생명체다. 세상은 내가 뒤집어쓴 가면으로 나의 전부를 판단해버린다. 그들은 자신들이 필요로 하는 가면을 쓴 내 모습 외에는 봐주려고 하지 않는다. 그 정도에서 그친다면 다행이다. 용기를 내어 진짜 얼굴을 드러냈을 때 세상은 분노하며 나를 거짓말쟁이로 내모는 짓도 서슴지 않는다.

나는 그런 억울함을 참아내며 글을 써왔다. 조금은 다른 시선이라는 자각과 함께 떨리는 마음으로 진심을 담아 펜을 들면 누군가는 그 글을 읽고 말한다. 이건 선생님 글이 아니잖아요……. 선생님은 이런 말씀을 하실 분이 아니에요……. 선생님께 원하는 건 이런 게 아니에요…….

분하게도 여든이 넘어서도 말하기 전에 눈치를 봐야 하고, 나와는 어울리지 않는 근엄하지만 자애로운 표정으로 '당신들도 할 수 있어, 할 수 있어'라는 말을 되뇌어야 한다. 그러나 누구의 탓도 할 수 없는 것은 그들의 기대를 충족시켜왔기에 내가 어디 가서 글 좀 쓴다는 작가랍시고 명함이라도 내밀 수 있다는 것이다. 친구들이 늙은이 냄새를 풍겨가며 요양원과 추모공원을 기웃거릴 때, 글로 세상에 목소리를 낼 기회를 내가 공짜로 얻은 것은 아니다.

그러므로 지금 쓰고 있는 가면은 더없이 소중한 동시에 나를 옭아매는 매듭이다. 세상이 보고 싶어 하는 나의 가면이 진실한 내 모습보다 더 소중하고 고맙게 느껴질 때마다 나는 환희와 환멸의 경계를 오간다. 이런 가면을 쓰기까지 내가 바쳐왔던 인고와 절제의 시간이 떠올라 충분히 만족스러운 결과를 얻게 될 때면 벅찬 감동이 밀려온다. 그리고 여지없이 환멸의 그림자에 취해 비틀거린다. 이것이 정말로 내가 원했던 삶인가. 내가 하고 싶은 일은 다른 것인데 나는 왜 잠시의 배부름에 자족하여 소모되고 있는가.

그렇지만 발목을 잡는 것은 언제나 과거와 미래다. 내가 견뎌낸 과거와 아무것도 결정되지 않은 불확실한 미래. 그 둘이 나의 오늘을 볼모로 잡고 언제까지나 같은 자리를 맴돌게 한다.

그래서 나는 자신을 속이면서도 희망을 노래할 줄 알고, 부끄러움을 알면서도 내색하지 않는 기술을 익히게 되었다. 이런 나를 비판할 수 있는 사람은 어디에도 없다. 그것이 나의 자부심이며, 내가 펜을 내려놓지 못하는 근거가 되어준다.

글이라는 무대에 오르는 데만 오십 년 가까운 세월이 걸렸다. 무대 위에서 나를 드러내고 연기한 세월을 두고 말하는 게 아니다. 오로지 글이라는 무대에 발을 들여놓는 데에만 오십 년이 걸렸다. 반백 년이다. 나는 그 역사를 무엇과도 바꾸지 못한다. 나처럼 이기적이고 수동적인 인간이 단지 죽지 않고 살아남았다는 명분으로 도움이 갈급한 영혼들에게 위로랍시고 혹은 충고랍시고 재난과 다름없는 글들을 배설해도 되는 건지 솔직히 아연해질 때가 한두 번이 아니다.

더구나 내 몸은 이제 병들어가는 중이며, 이는 곧 머잖은 시기에 죽음을 인정하게 되리라는 예언과도 같다. 나에게 죽음은 삶에 덧씌워진 여러 가면 중의 하나가 아니다. 죽음은 다시 없을 진실이며, 아무 데로도 도망갈 곳 없는 완벽한 절망이다. 당장 내일 아침이 되었을 때 내가 살아 있으리라는 확답은 어디에도 없다. 그 느낌은 청춘이 겪는 막막함과는 궤가 다르다. 목전까지 어둠에 잠식되어 삼켜지기 직전의 답답함이다. 살아 있다는 행위 자체가 너무나 귀찮고 쓸모없게 느껴지는 이 권태는 누구든지 한 번쯤은 겪게 된다.

죽음에 대한 인지는 나로 하여금 어제도, 내일도 무책임하게 여기도록 만들었다. 오직 오늘, 당장, 바로 지금뿐이다. 죽음의 민얼굴을 목격하는 것이 위험한 까닭은 스스로 무책임해지기를 원하도록 이끌기 때문이다. 내가 쌓아올린 것들의 가치, 나의 진심을 버리면서까지 지켜왔던 명분들로부터 무책임해지고 싶다는 망상이 죽음이라는 실체와 더불어 내 안에서 마구 커지는 것을 느낀다.

내가 어떤 사람이었는지 확인하고 싶다는 강렬한 발상 외에는 사실 만사가 허무하다. 가끔은 텔레비전에 나오는 치매 환자들을 보며 상심에 젖는다. 저들이야말로 자유를 찾은 승리자가 아닐까. 가족이 받는 고통과 사회적 비용 따위에 구애받지 않고 오로지 본성만이 한데 모여 분노와 탐욕과 무절제한 자유의 극치를 내달린다. 저것이야말로 내가 쓰고 있는 가면 뒤에 숨겨진 진짜 민얼굴이 아닐까.

오랜 시간에 걸쳐 내 얼굴을 대신하게끔 만든 이 가면이 무겁고 귀찮기만 할 때, 나는 천경자의 그림을 찾는다. 이것은 내 정신에 행하는 화장이다. 덕수궁 돌담길을 따라 느릿하게 언덕을 올라 서울시립미술관 이 층에 자리한 천경자의 그림들을 본다. 뱀과 여인들이 뒤엉켜 초록빛 눈동자를 빛내는 화폭 속으로 기어들어가 아직은 가면을 벗을 때가 아니라고, 네가 바친 시간에 죄를 짓지 말라고 가슴을 두드린다.

나의 발걸음은 언제나 〈생태生態〉 앞에 멈춘다. 형형색색의 수십 마리 뱀들이 똬리를 틀고 서로의 허리와 가슴을 탐내며 얽혀 있는 그림을 천경자는 고작 스물일곱 살에 완성했다. 남편에게 버림받은 후 부산의 단칸방에서 아이와 살며 그린 그림이다. 생태는 죽음의 피안에 있다. 살고 싶어 그린 것이다. 그러므로 스물일곱 살 여자가 그린 이 그림은 죽음의 눈코입을 정밀하게 묘사할 수 있을 만큼 사망에 가까이 다가선 나에게는 괴리의 종착점이기도 하다.

그럼에도 나는 이 그림을 죽도록 사랑한다. 여자, 엄마, 아내로서의 삶을 뇌리에서 지워버리고 오직 한 무더기 뱀이 되어서라도 자신의 생태를 지키고 싶다는 욕망에 눈물이 흐른다. 이 나이에 흘리는 눈물은, 삼키고 물고 허물을 벗어 하나의 독립된 형체, 예술가로서 버려지고 미움받는 존재가 되고 싶다는 염원을 담은 거친 붓칠을 당신들이 사랑하지 않고서는 버텨내지 못하도록 만들겠노라고 당당히 선포할 수 있는 천경자의 스물일곱 살에 대한 한없는 질투다. 외로 꼰 눈빛으로 아니꼽게 바라보며 너는 아직 세상이라는 곳을 모르는구나, 뒤집어쓴 가면 너머에서 초라하게 사라져가는 나의 떨리는 입술은 끝내 감춰둔 채 타이르고 조종하고 싶은 것이다.

나는 소설가가 되고 싶었다. 아마도, 혹은 틀림없이 이번 생애에는 갖지 못할 가면이다. 젊어서 소설가가 되었다면 굶어 죽었을지도 모른다. 좋은 소설가가 되기에는 역량과 심성 모두 못 미친다는 것을 오래전부터 알고 있었다. 그래서 나는 타인이 쓴 글을 번역하며 황홀한 환각에 젖어들고는 했다. 마치 나의 작품을 글로 옮기는 듯한 환상에 취했다. 모든 번역가가 나와 같다는 말은 아니다. 나에게 번역은 내 취약한 재능과 질시를 누그러뜨려 주는 아편이었음을 말하는 것뿐이다. 나는 문학에 중독되어 목숨을 걸고 일했다.

그러나 문득문득 불순했던 의도들이 떠올라 내면에 견디기 힘든 상처를 내었다. 그럴 때면 나는 떨리는 걸음으로 〈생태〉 앞에 선다. 살려고 뒤엉킨 뱀들의 눈빛을 응시한다. 그 안에 숨어 있는 나를 본다. 세상이 나를 뱀처럼 여겨줬으면 좋겠다는 생각을 해본다. 징그럽고 낯설고, 날것 자체로의 미끈한 감각에 진저리를 치며 내가 쓴 글들을 피해가는 상상을 하면 행복해진다. 그날이 온다면 나도 소설을 쓸 수 있게 될지 모른다.

모두가 포기하라는 시점에 전력을 다하는 힘

1909년 6월 19일, 일본에서 한 소년이 태어났다. 소년은 대지주 가문의 여섯 번째 아들이었다. 부친은 중의원 의원과 귀족원 의원을 지낸 지역 명사였다. 어려서부터 유명 가정교사들이 소년의 방을 들락거렸다. 부유한 집안 환경이라는 축복만으로는 부족했는지 소년은 천부적인 재능과 잘생긴 외모까지 타고났다. 게다가 놀랍도록 빠르고 광범위하게 지식을 습득했다. 세상은 그를 '천재'라고 부르면서도 잘생긴 외모에 반해 시기하지 않았다. 그가 저지르는 치기 어린 실수와 황당한 장난마저도 넘치는 재능의 소산이라며 탄복했다.

소년은 자신을 둘러싼 완벽한 환경에 지루함을 느끼면

서도 모두의 기대를 저버릴 수 없어 도쿄대학 불문과에 입학해주었다. 하지만 대학에서의 공부는 시시했다. 마음속에서 끓어오르는 갈망이 충족되지 않았다. 정해진 학문의 길은 비좁은 울타리처럼 답답해 보였다. 소년은 대학을 중퇴했다. 따로 직업을 가질 필요는 없었다. 그의 집에는 서른 명이 넘는 하인이 있었다.

술을 마시고 공산주의 써클을 기웃거리며 유곽에서 혁명의 가능성을 이야기하던 소년은 이 지루한 삶에서 잠시 벗어나기 위해 취미로 소설을 쓰기 시작했다. 소년에게 고뇌와 절망은 그나마 정체된 생활에 활력을 불어넣는 흥미로운 장난 같은 것이었다. 그러나 소년이 타고난 무시무시한 재능은 문학에서도 엇나감이 없었다. 스물여섯 살에 소설가로 데뷔해버린 것이다. 사람들은 극단의 비애와 허무를 다루는 그의 작품에 열광했다. 대지주 가문의 여섯 번째 아들이 자의로 행하는 결핍의 행군에 사람들은 찬사를 보냈다. 그의 가난에서 예술가적인 기품이 넘쳐났기 때문이다.

그러나 대지주 가문에서 말 안 듣는 망나니 아들을 가만히 내버려둘 리 없었다. 집안에서는 소설가라며 날뛰는 소년을 강제로 결혼시켰다. 소년은 세상이 우러르는 소설가가 되어서도 여전히 가문이 축적한 재물에 기생해야 하는 자신의 삶에 진심으로 번뇌하기 시작했다. 그는 여러 여자와 염문을 뿌리며 애인과 동반자살을 시도하는 등 물의를 일으켰다. 그 경험을 『인간 실격』이라는 작품에 녹여 발표하면서 일본 최고의 소설가에 이름을 올렸다. 서른아홉 살이 되던 1948년, 마침내 소년은 몇 번의 시도 끝에 내연녀와 함께 자살에 성공했다. 소년의 이름은 다자이 오사무였다.

1909년 12월, 일본에서 또 한 명의 소년이 태어났다. 소년의 집은 너무 뻔한 표현일지 모르지만 찢어지게 가난했다. 중학교 진학은 꿈도 못 꾸는 처지였다. 소년은 학업을 포기하고 동네의 조그만 전기회사에 심부름꾼으로 들어갔다. 이것이 소년의 첫 번째 직업이었다. 전기회사 심부름꾼으로 벌어들이는 돈만 가지고는 집안 살림에 보탬이 되기 어렵다고 생각한 소년은 인쇄소에 청소부로 들어갔다. 밤에는 광고지에 삽화를 그려 넣는 아르바이트도 마다하지 않았다. 휴일에는 빗자루를 팔러 전국을 돌아다녔다.

열아홉 살에는 억울한 누명을 쓰고 감옥에 갔는데, 소년이 범인으로 지목된 이유가 평생의 치욕으로 남았다. 경찰이 그의 외모가 범죄자처럼 혐오스럽게 생겼다며 알리바이가 충분했는데도 범인으로 단정해버린 것이다. 감옥에서도 소년의 볼품없는 외모와 작은 키는 폭력과 차별의 근원으로 작용했다. 감옥은 소년에게 분노의 극치를 선사해주었다.

그러나 소년의 가슴은 분노로만 채워지기에는 넓고 깊었다. 감옥에서의 경험은 오히려 소년에게 새로운 빛이 되었다. 자기처럼 힘없고 볼품없는 사람들이 무시당하고 천대받는 세상을 변화시켜야겠다는 열망이 싹트게 된 것이다. 신문기자가 되려 했던 그는 기자가 되려면 반드시 대학을 졸업해야 한다는 요강을 읽고 다시 한번 좌절했다. 그럼에도 신문사에서 일하고 싶었던 소년은 기자들 뒤치다꺼리를 하는 급사자리에 덜컥 응시했다. 신문을 만드는 일, 나아가 세상에 무언가 보탬이 되는 작업에 자신이 동참할 수 있다는 생각에 소년은 박봉과 세간의 무시에도 가슴이 두근거렸다.

그 후로 이십 년 가까이 신문사에서 일했지만 차별로 겪게 되는 아픔에는 도저히 익숙해지지 않았다. 그는 정식

기자가 아니었으며, 단 한 번도 회식에 불려 나가거나 상여금을 받아본 적이 없었다. 처음으로 초대받은 회사 송년회 자리에서 고위 임원은 소년이 못생기고 더럽다며 술도 따라주지 않았다. 정의가 살아 있으리라 믿었던 신문사에서도 소년은 차별과 멸시의 대상이었다. 소년은 더는 남에게 기대지 않고 자신의 힘과 의지로 자기만의 세상을 만들어가리라 결심했다. 다자이 오사무가 자살한 1948년 겨울이었다. 그 사이 소년은 한 여자의 남편이 되었고, 부모님을 부양해야 했으며, 네 아이를 먹여 살려야 하는 처지가 되었다.

낮에는 직장에 다니고 밤에는 부업을 하면서도 이 년 동안 출퇴근길에 소설을 썼다. 이렇게 완성된 첫 번째 소설을 공모전에 출품했다. 결과는 3등 입상이었다. 소년은 어느새 마흔한 살의 중년 남자가 되어 있었다. 소년의 이름은 마쓰모토 세이초였다.

다자이 오사무와 마쓰모토 세이초는 내가 가장 사랑하는 일본 작가들이다. 나는 종종 그들의 삶과 문학을 비교하며 삶의 험난한 기로를 공부한다. 나의 일에서 더는 내일이 없다고 느껴질 때, 과연 내가 얼마나 더 오랫동안 글을 쓰며 살아갈 수 있을지, 근원을 떠올릴 수 없는 불안이 밀려올 때면 나는 이끌리듯 마쓰모토 세이초를 찾는다.

다자이 오사무가 예술가로서 더없이 행복한 비극을 자진해서 헤쳐나간 인물이라면, 마쓰모토 세이초는 우리처럼 거부할 수 없는 타성의 운명에 맞서다가 온몸을 얻어맞고 쓰러진 채 기어간 입지전적인 인물이다.

마흔한 살에 데뷔한 마쓰모토 세이초는 신문사에서의 직장생활 외에는 모든 시간을 소설에 바쳤다. 그에게 일본 최고의 문학상인 아쿠타가와상을 안겨준 『어느 고쿠라 일기전』은 등단하고 사 년이 지나서 발표한 작품으로, 재능은 있지만 고단한 인생을 살아야 했던 주인공의 비극적인 죽음이 평범한 소시민들의 공감을 얻어 큰 사랑을 받았다. 주인공 고사쿠는 마쓰모토 세이초의 초상인 동시에 거울에 비치는 내 모습이기도 했다.

이 책을 계기로 소설가로서 인정받게 된 마쓰모토 세이초였지만 넘어야 할 장벽은 여전히 많았다. 잡지에 소설 몇 편을 발표하는 부정기적인 수입으로는 여덟 식구나 되는 대가족의 생계를 유지할 수 없었다. 그는 마흔일곱 살까지 자신을 천대하는 신문사에서 잡일을 하며 생계를 유지했다.

또 하나 그를 힘들게 한 것은 세상의 오해였다. 마쓰모토 세이초가 작품을 발표할 때마다 그의 학력과 가난했던 과거를 들먹이며 그의 작품이 피해망상에 빠져 있다는 비난이 나왔다. 신문사에서 허드렛일을 하는 잡부는 소설을 써서는 안 된다는 시선에 마쓰모토 세이초는 또다시 상처를 받았다. 자신에게는 처음부터 문학을 지망할 자격조차 없었다는 것인가, 절망했다.

그때부터 그는 추리소설을 쓰기 시작했다. 인간성의 실체가 고스란히 드러나는 추리소설을 통해 사회의 어두운 면모를 낱낱이 파헤치기로 결심한 것이다. 그는 소설가로 데뷔하고 십 년이 지나서야 첫 번째 장편소설을 세상에 내놓는데, 이것이 공전의 히트를 기록하면서 나이 오십에 소설가로서 자신을 증명하는 기적을 이루게 된다. 그는 트릭이나 범죄를 묘사하는 기존 장르에서 벗어나 범죄의 사회적 동기와 배경에 주목했다. 그가 겪은 차별과 멸시, 이유 없는 비난이 타고난 인간성을 바꾸기에 충분했던 것을 기억하며 개인의 생활에 영향을 미치는 사회의 어두운 부분을 집요하게 추적한 것이다. 마쓰모토 세이초의 소설은 '사회파 추리소설'로 불리며 사람들을 열광하게 했다. 소설가로서 자격이 없다며 그를 부정했던 세상도 그의 끈질긴 노력에 굴복하여 '세이초 이전, 세이초 이후'라는 수식어로 오랜 무명 시절을 이겨낸 소설가의 업적에 찬사를 보냈다. 전에 없던 문학이 마쓰모토 세이초의 손끝에서 새롭게 창조된 것이다.

쉰에 첫 장편을 발표한 이래 1992년 여든셋의 나이로 세상을 떠나기까지, 삼십 년 동안 마쓰모토 세이초는 무려 백 권의 장편소설을 썼다. 장편과 단편, 논픽션 등을 모두 합치면 정식으로 출간된 단행본만 일천 권에 달했다. 그는 죽기 며칠 전까지 글을 썼다. 마지막 장편을 끝마치고 혼수상태에 빠져 이틀 뒤에 눈을 감았다. 작가로서 마쓰모토 세이초의 전성기는 육십 대 초반부터 칠십 대 중반까지였다. 그동안 무려 열 번이나 일본인이 가장 많이 읽은 베스트셀러 작가로 등극했다.

마쓰모토 세이초의 삶은 세상이 정해놓은 규범과의 싸움이었다. 문단과 학계는 싸구려 장르로 일컬어지던 추리소설을 쓰는 데다가 마흔한 살이 되어서야 데뷔작을 내놓은 그를 인정해주지 않았다. 명실상부한 국민 작가였음에도 사회의 추악한 진실을 드러낸다는 점이 정권의 미움을 사서 사후에 훈장 하나 받지 못했다. 그러나 모두가 늦었다고 포기하라는 시점에 전력으로 자신을 발굴하고 등장시켜 우리 곁에 희망의 메시지로 남았기에, 그는 후회 없는 삶을 살았다고 자부할 자격이 충분하다.

나는 아직도 생전에 그가 입버릇처럼 되뇌었던, "나는 누구에게도 배우지 못했다. 아무도 나에게 소설을 가르쳐주지 않았다. 그래서 쓰고 또 쓰는 것 외에는 소설가가 되는 방법을 알지 못했다."라는 말을 끊임없이 나 자신에게 들려준다. 그의 고백에서 보편타당한 불굴의 정신력을 확인한다. 간암으로 죽음을 눈앞에 둔 순간까지 그를 채찍질하여 펜을 들게 만든 힘이 무엇이었는지를 궁리한다. 신문사 잡부였던 마흔한 살 비정규직 노동자를 세계적인 베스트셀러 작가로 만들어낸 기적의 본질이 무엇인지를, 그와 같은 행운이 미처 찾아와주지 않은 나의 일생에 되묻는 것이다.

그리고 문득 생각해보니 그것은 남보다 늦어졌다, 뒤처졌다, 부족하다 등 증명되지 않은 편견에 굴하지 않은 '불굴의 믿음'이었다.

인생의 순간들을
고귀하게 만들어주는 것들

나는 '미완성'이라는 낱말을 지나칠 정도로 좋아한다. 게으르고 치졸하여 매사를 매듭짓지 못한 변명으로 '미완의 아름다움'을 들먹이는 추임도 없지 않아 있으나, 완성되지 못하여 아직 포기하기에는 아쉬움이 남는 체험들이 황홀해서 못 견디겠다. 그래서 미완성의 작품, 미완성의 인생을 떠올릴 때마다 한없는 자유로움과 자신감을 쟁취한다.

생각의 파편들이 내 안에서 정리될 때까지 부지런히 글을 쓰고 현실을 거짓 없이 살아가는 것. 그것만으로는 나의 삶이 완성이라는 결말에 도달하지 못하게 될 테지만 나는 불행하지 않다. 완성이라는 단어는 듣기만 해도 숨이 막히고 불행해진다. 언제까지나 미완인 채 남고 싶다. 아직 이루지 못한 것이 너무 많은데 정작 남은 시간은 얼마 되지 않는다는 급박함과 아쉬움이 내 인생의 순간들을 고귀하게 만들어주기 때문이다.

그렇게 얻어진 행복 속에서 나는 세상을 움직이는 법칙들과 격리되어 비좁은 방에 갇히기를 자원한다. 조금만 더 글을 쓰고 싶다는 집념이 생명으로 연장되기를 간절히 원하고 있다. 이 좁은 방에서 나는 아버지도, 남편도, 가장도 아니다. 방황하는 늙은 작가, 세상의 부름을 기다리는 미완성된 원고에 지나지 않는다.

내가 쓰는 글 중에는 굳게 닫아놓은 방문 넘어 거실로부터 사라지기를 꿈꾸는 오후도 있다. 그곳에서 나를 반겨주는 가족의 품을 증오하는 건 아니다. 단지 그곳에서 내가 보여줘야 하는 삶의 무게들이 허망하게 느껴질 때가 있다. 의지가 되는 남편으로 남아야 하고, 지친 아들을 넓은 가슴으로 안아줘야 한다는 의무가 내 삶의 속성보다 우선시 되는 것을 목도할 때, 나는 파렴치한 생각을 떠올리게 된다.

가족의 원기를 회복시켜주는 무한한 우물과 식량으로

서의 자격을 잃어서는 안 된다. 그러지 못하게 되면 이 작은 서재마저도 나의 영토로 선포하지 못하는 패잔병이 될 것만 같다. 이것이 남성으로 이 땅을 살아감에 있어 전염되는 불치의 사상이다.

남성이 수용해야 하는 가부장제의 역사는 잔인하리만큼 뿌리가 깊다. 남자로 태어났기 때문에 남편과 아버지라는 남성적 키워드로만 해석되는 한계에 끊임없이 부딪혀야 한다. 남자로 살아가는 일에는 인간성보다 앞서는 남성성의 발현이 필수적으로 따라붙는다. 유독 남성으로서의 자의식이 강요되는 이 불합리한 세계에서 내가 옳다고 믿는 인격의 추구는 집단따돌림을 불러일으키는 양태가 된다. 돌파구는 오직 '미완성'의 경계를 서성대는 것뿐이다. 아직 남편이 되지 못한 자로서의 미완, 미처 아버지가 되지 못한 자로서의 미완에 사내들이 안도하는 까닭은 아마도 그 때문일 것이다.

내 주위에는 아주 많은 은퇴자가 있다. 그리고 은퇴를 앞둔 중년 남성들이 있다. 장성한 아이들의 아버지이며, 수십 년간 해로한 부부의 한 축으로 성실히 임무를 수행한 남편들이다. 그들이 체감하는 인생에서의 가장 큰 공포는 퇴직이다. 좁게 보자면 몸담고 있던 회사에서의 퇴직이며, 넓게 보자면 자신의 삶에서 더는 재화를 생산하지 못하는 노동의 종말이다. 그들은 노동이라는 이정표에 마침표가 찍히는 것을 좀처럼 받아들이지 못한다. 그들의 생애가 세웠던 무수히 많은 이정표는 노동의 자격을 통해 얻은 것이기 때문이다. 그 자격의 말소를 남자들은 인생의 종말로 확대해석하고는 한다.

생업이라는 절대적 조건을 간과하는 것은 아니다. 나야말로 치열하게 소득을 창출해내려고 늙은 몸을 마구잡이로 혹사시키고 있는 사람이다. 나 역시 한때는 그들과 같은 처지였고, 그들이 느꼈던 공포와 동일한 감정과 절망을 체험했기에 감히 의문을 제기할 수 있는 것이다. 과연 중년 남성이, 다 큰 자녀의 아버지들이, 수십 년 해로한 남편들이 잃어버린 것은 노동력의 상실인가, 아니면 지위의 상실인가. 그들이 완성하려던 것은 모순된 자아에서 해방된 진실한 자기 모습이었는가, 아니면 사회의 모순에 눈감고 순응함으로써 얻어진 사회적 신분이었는가.

애석하게도 그들은 사회적 신분의 완성에 모든 것을 바쳤고, 지위가 상실되었음에도 두 발로 걸어가야 할 길은 아직 남아 있다. 남자의 상실, 또는 우리 사회가 추구하는 남성성을 실현하지 못했다고 해서 부끄러워할 것 없다. 언젠가는 잃어버리게 될 것들에 지나치게 의미를 부여하는 것 자체가 어리석다.

환영이 벗겨진 진실 속 남자들의 모습은 가엾기 짝이 없다. 이정표가 정해놓은 길의 종착점에 무사히 다다른 남성성은 쓸모가 다한 폐기물 취급을 받게 되는 것이 현실이다. 그러나 나는 영원토록 쓸모가 불확실한 기대치에 숨어 미완으로 남고 싶다는 목소리를 빼앗기지 않겠다고 다짐해본다. 이런 나를 바라보는 편협한 시선들, 불쑥불쑥 들려오는 비난 앞에서 작아지지 않을 자신이 있다고는 말하지 않겠다. 나는 그들의 말대로 무책임한 아버지이며, 경제관념이 부족한 남편이자 철이 들지 않은 가장일 수 있다.

그러나 정해진 인식에서 벗어나기만 한다면 나를 향한 비난과 스스로 만들어내는 불확실성에 대한 고민은 의미가 퇴색된다. 나는 그렇게 이기적으로 돌변해서라도 나를 만들어나가는 즐거움에 도취되고 싶다. 어차피 세월은 나의 편이 아니다. 인간의 기억은 매우 조잡해서 남자로서 내가 이룩한 것들을 오래도록 간직해줄 리 없다. 그렇기에 나는 부끄럽지 않다. 내가 가진 것들이 매우 적음에 불편을 느끼지 않는다. 나는 아들에게 결혼선물로 아파트 한 채를 사줄 능력도 없고, 아내를 데리고 크루즈여행에 나설 여력도 없다. 그러나 나는 아들 곁에서 함께 방황하고 경쟁하고, 그 아이가 나보다 더 좋은 글을 쓰는 아름다운 인간이 되는 것은 아닌지 부러워하며 초조해할 자격이 있다고 믿는다.

그런 선택으로 얻은 것보다 잃었다고 생각되는 것들이 더 많아 보여도 후회하지 않는다. 내 명의로 된 통장은 비록 추레할지언정 내가 숨을 쉬고 살아 있는 한, 누구도 내게서 낡은 만년필을 빼앗지는 못할 것임에 환호하며 좁은 서재에서 날마다 즐거운 비명을 지르고 싶다. 펜을 들 기운이 팔에서 빠져나간다면 눈빛으로라도, 눈빛에서 생기가 사라진다면 헌책방에 있는 내가 쓴 책들의 갈피에라도 미완성된 인간으로서의 여운이 남겨져 누군가에게 전해지기를 간절히 바라본다.

"아들아, 너는 나보다 나은 삶을 살게 될 것이다"

아슬한 외줄을 피해야 하는 까닭은 추락을 전제로 하고 있기 때문이다. 아들은 십 년이 넘게 외줄을 타고 있다. 그의 눈동자는 추락을 예견하는 외줄에 단단히 꽂혀 있다. 요즘 들어 외줄 위에서의 방황이 더욱 심해졌는지 눈빛에 불온한 기색이 더해져만 간다. 자신의 선택에 대해서, 그리고 앞날에 대해서 아들은 무슨 생각을 하고 있는 걸까. 차마 물어볼 수가 없다. 세상 사람들이 던지는 질문에 나까지 동참해서는 안 된다는 마음으로 참는다.

힘들다는 말을 꺼내지 않아도 가끔 집에 들러 제 어미가 해주는 밥상을 대할 때면 눈가에 짙어진 그늘에 나까지 빨려 들어갈 것 같은 아찔함이 밀려온다.

솔직히 고백하면 나는 아들의 삶이 마음에 들지 않는다. 정확히는 아들이 택한 외줄에 거부감이 든다. 단지 아비라는 이유로 그 아이의 선택을 판단할 자격이 내게 주어졌다고는 생각하지 않는다. 하지만 현실이라는 명제가 지배하는 빈약한 생활상을 곁에서 지켜봐야 하는 증인으로서, 또한 가족이라는 끊지 못할 관계의 연속에 뛰어든 참여자로서, 나는 아들이 그의 삶에 대해 고뇌하는 것 이상으로 불안과 슬픔을 감춘 채 그를 지켜보고 있다.

내 아들은 무명 소설가다. 고졸이며, 세금계산서가 정확히 산출되는 정규직에 종사해본 적이 없다. 변변한 작품 하나 발표하지 못해 잊힐 권리마저 가져보지 못한 존재. 그것이 세상에 하나뿐인 나의 아들을 정의하는 언어의 전부다.

나는 아들에게 몇억을 호가하는 아파트와 연금으로 가득 찬 적금통장을 내밀 처지가 못 된다. 욕심껏 내가 살고 싶은 대로 살아왔으며, 그 대가는 달콤하면서도 처참했다.

내가 보통의 아버지였던 시절로 돌아가고 싶다는 생각을 해본다. 무슨 일이 있어도 아들을 대학에 집어넣고, 소설 따위 근처에도 가지 말라고 당부했더라면 어땠을까. 늙어서도 비루하게 한 줄의 글귀에 사로잡혀 심장이 멎은 듯한 기색으로 새벽을 맞이하는 몰골을 보여주지 않았더라면 내 아들은 잘난 공무원, 남들이 부러워하는 대기업 직장인, 혹은 육신의 강인함을 내세우는 기술직 근로자가 되지 않았을까. 법정 최저시급의 감시망조차 미치지 못하는 눈먼 창작의 외줄에서 홀로 비틀거리는 아들을 볼 때마다 나는 문지방 뒤에서 나의 삶까지 자책하고는 한다.

자녀는 부모가 해준 것들을 기억해야 한다지만, 자녀가 부모를 위해 희생하고 바치는 것들 또한 만만치 않음을 인정해줘야 한다. 번역 일을 받기 시작했지만 크게 돈벌이가 되지는 않았다. 그러나 나는 그 일이 너무 좋아서, 너무나 행복해서 지나치게 들뜬 나머지 심장에 이상이 생겼다. 의사는 협심증이 의심된다며 하루에 두 시간 이상 책상에 앉아 원고를 쓰는 일이 없도록 하라고 주의를 줬다. 그리고 나이트로글리세린으로 만든 비상약을 한 움큼 쥐여주었다. 독약이나 마찬가지이니 정 급할 때만, 가슴을 쥐어짜는 고통에 숨이 막힐 것 같을 때만 혀 밑에 아스피린처럼 생긴 백색의 알약을 물고 녹여 먹을 것을 지시했다.

나는 건강보험 적용 대상이 아니었다. 꽤 오랫동안 건강보험료를 내지 못했더니 수급권을 박탈당했다. 보험이 적용되지 않는 나이트로글리세린은 부담스러운 가격이었다. 수능이 끝난 친구들이 대학원서를 쓰러 다닐 때, 아들은 만 원짜리 하나라도 더 주는 일터를 찾아 새벽의 찬 공기를 가르며 집을 나섰다. 벽돌을 나르고 도축장에서 막 숨을 거둔 소의 벌컥거리는 심장에서 제 아비의 고통스러운 몸부림을 떠올리며 눈물을 흘렸을 것이다.

졸업식 날에도 아들은 화성의 어느 바닷가 펜션 공사장에서 목재와 시멘트를 어깨에 지고 운반했다. 내가 해줄 수 있는 것은 피멍이 든 어깨에 파스를 붙여주고 잠이 들 때까지 허리를 주물러주는 것이 고작이었다. 피로해서 곯아떨어진 아들을 보면 잠이 오지 않았다. 죽을 수도 있다는 의사의 말은 차라리 감사했다. 내가 책상 위 원고지에 얼굴을 묻고 죽는다면 성장판이 채 닫히지도 않은 저 어린 몸에 더해지는 생활의 과부하는 한결 가벼워질 테니 말이다.

일흔을 앞둔 늙은 아비는 가슴이 옥죄어올 때마다 나이트로글리세린을 핥으며 밤을 꼬박 지새웠다. 하루에 많게는 백 매가 넘는 원고를 썼다. 그 무렵의 내 소원은 미친 듯이 원고를 쓰다가 심장이 터져 죽는 것이었다. 나는 지금 그날을 후회하고 있다. 그때 그렇게 죽어버렸으면 어쩌나, 사람의 앞날은 알 수 없는 것인데 왜 그런 허망한 생각들로 자신을 괴롭혔을까, 그런 후회를 하는 것이 아니다. 늙고 병든 아비를 살리기 위해 도축을 하고, 벽돌을 나르고, 양계장과 공장 일을 마다하지 않은 착하고 귀한 아들에게 닮고 싶은 아비의 흔적을 남겼다는 것을 후회하고 있다.

아들은 나를 보며 소설가의 꿈을 더욱 굳혔다. 이백 자 원고지 한 장을 채우기 위해 독약을 삼키며 밤을 지새우는 아버지는 아들에게 용기가 되었다. 비겁하게 도망치지 않고 매일을 마지막일지도 모르는 기회로 여기겠노라, 그리하여 자기만의 길을 개척하겠노라 다짐해버린 것이다. 포기하지 않고 나아간다면 언젠가는 아버지보다 더 많은 창작의 무대 위에 설 수 있지 않겠느냐는 희망에 아들은 자신의 청춘을 제물로 바치고 말았다.

그렇게 십여 년의 세월이 흘렀고, 아버지와 아들은 서로를 바라보며 회한에 젖는다. 아들이 살려준 덕분에 나는 부끄럽지 않은 아버지로 기억될 기회를 얻었다. 하지만 아들은 아버지를 살린 대가로 어쩌면 부끄러운 모습으로 살아갈 수밖에 없는 위기를 맞이하게 되었는지도 모른다. 남들처럼 대학을 나왔더라면, 내가 그때 아프지 않았더라면, 지인에게 부탁해 예술대학 문예창작학과에 청강생 자리라도 알아봐 줄 수 있는 오지랖과 두꺼운 면피를 가지고 있었더라면, 아들이 이토록 먼 길을 돌아가지는 않았을 텐데. 저리 험하고 위험한 외줄 위에서 갈피를 못 잡고 방황하는 일은 없었을 텐데. 나는 차마 아들에게 속마음을 털어놓지 못한다.

너는 잘될 것이라고, 너처럼 열심히 하는 이에게 보상이 없을 리 없다는 흔해 빠진 위로조차 전하지 못한다. 진심을 다한 너의 글을 언젠가는 세상이 알아봐 주리라, 장담해주지도 못한다. 아들도 그런 통속적인 결말은 원하지 않을 것이라고 믿기 때문이다. 자기 걸음으로 외줄에 올라간 아이다. 추락을 고민하지 않았을 리 없다. 머릿속을 맴도는 비극적인 결말을 감수하고 세상으로 나아갔다. 타인의 이해가 저절로 구해지는 달콤한 삶을 꿈꿨던 게 아니다.

아들은 최선을 다해 살았다. 나는 그것을 입증할 수 있는 유일한 증인이다. 아들은 글로 할 수 있는 일과 몸으로 할 수 있는 모든 일에서 최선을 다했다. 그 아이는 자신이 무사히 외줄을 건너갈 수 있음을 증명했다.

그러나 증명만으로는 부족하다. 자격이 있다는 평가는 누구에게나 허락되는 공기와도 같은 것이다. 지구에서 태어난 인간이라면 누구나 무한히 제공되는 공기를 마시며 숨 쉴 자격이 있듯이, 청춘에게는 앞으로 그가 어떤 삶을 꾸려나가든 성공할 수 있는 자격, 도전해볼 수 있는 자격이 주어진다.

나는 부디 내 아들이 자신을 증명하는 데서 벗어나 본인이 만족하는 삶을 살아가게 되기를 바란다. 누군가의 눈에 띄고 그들에게 자신이 이 일을 해도 되는 자격이 있음을 납득시키는 데 급급한 인생이 되지 않기를 바란다.

수많은 사람과 함께 공동으로 하는 작업에서도 개인의 성과는 반드시 차이가 나는 법이다. 혼자 독무대를 펼쳐놓고 외로움과 싸워가며 창작 혼을 불태워도 세상 사람들과 정신을 공유하지 못하면 넋두리에 그치고 만다. 아무도 들어주지 않는 메아리는 구슬픈 청승일 뿐이다. 아들은 사람들을 위로하는 소설가가 되고 싶다고 했다. 거창한 담론을 택했다는 생각에 자꾸만 아쉽다. 너의 생각을 강요하거나 세상을 비난하는 쉬운 길도 있는데, 왜? 아들은 로마의 시인 루크레티우스의 '당의설'을 이야기했다. 의사가 병든 아이에게 쑥탕을 먹이려 할 때 그릇의 거죽에 달콤한 꿀물을 칠해서 먹이는 것처럼 시인은 자신이 말하고자 하는 쓴 약 같은 철학을 달콤한 운문으로 독자 앞에 내놓아야 한다고. "세상에 병든 자만이 있는 것은 아니란다." "알아요, 아버지. 하지만 안 아플 수 있는 사람은 없어요. 나도 그랬고요."

너에게 아픔을 준 이가 혹시 나였니, 이번에도 물어보지 못했다. 나는 아들에게 물어보고 싶은 것이 많다. 그러나 가장 낮은 곳에서 질척거리는 이끼와 늪지대에 발이 빠져 허우적거리는 아들은 내 목소리를 듣지 못할 것만 같다. 자기 목소리도 잘 들리지 않는 곳에서 누구를 위한 달콤한 시 한 편이 될 수 있을까. 걱정은 쌓여만 간다.

그러나 아들은 자신만만하다. 정체불명의 자신감은 젊음의 특권이기 때문이다. 성장을 거부하는 피터팬처럼 아들은 젊음이 선사하는 미지의 실루엣에 흠뻑 빠져 있다. 나도 한때는 식민지와 전쟁으로 폐허가 된 조국에서 누구보다 자신감이 넘쳤던 시절이 있었다. 폐허라는 공간만큼 매력적인 대상은 없다. 아무것도 갖춰지지 않은 곳에서 상상하는 대로 세상이 만들어지리라는 치기 어린 자신감이 없다면 그것은 젊음이 아니다.

눈에 보이는 폐허는 재건이 어렵지 않다. 그러나 눈에 보이지 않는 정신과 이상의 폐허로 고통에 잠긴 인간의 영혼을 재건하는 일은 이제 막 알에서 깨어난 무명 소설가가 작심하기에는 지나치게 크고 위험한 도전이다. 사람들은 그를 비루하게 여길지도 모른다. 학력을 문제 삼을지도 모른다. 미천한 경력을 문제 삼을지도 모른다. 결과가 아닌 자격에서 시비를 따져볼지도 모른다.

아들이 평범한 가정을 꾸리고 그 안에서 값진 보물들을 찾아 나서기를 포기하게 된 이유가 나 때문인 것 같아 불안하다. 아들은 나를 보며 자극을 받는다고 했다. "아버지를 이기는 게 목적이 아니에요. 아버지처럼 포기하지 않는 게 목적이에요."

여든이 넘은 아비의 노욕이 아들의 삶에 무슨 짓을 했는지는 그가 만들어나갈 운명을 통해 밝혀질 것이다. 그리고 자연스레 내가 저지른 죄와 자복은 아들의 삶에서 평가받게 될 것이다.

아들의 말이 고맙기도 하고, 동시에 미안하기도 하다. 그러나 분명한 것은 나 역시 지금의 내 모습에 아무런 후회도, 미련도 없다는 것이다. 과거의 실패와 상처들이 지금의 나를 만들었다. 만약 그때로 돌아간다면 나는 어떤 선택을 하게 될까. 지금의 기억이 사라지지 않은 상태로 그 시절로 돌아간다면 나의 선택은 분명하다.

나이트로글리세린을 삼켰던 기억은 나쁘지 않다. 쓰디쓴 독약이 두근거리는 심장을 차디차게 식혀주던 밤들을 기억한다. 새벽녘, 책상 위 스탠드 불빛을 몰아내던 여명을 바라보며 너무 늦지는 않았나, 후회조차 사치로 여겨지던 하루의 시작은 가장 큰 축복이었다. 나는 그 운명을 사랑했다. 가난은 나를 이기지 못했다. 나의 심장은 지쳤다며 쓰러질 권리가 없었다. 나는 나이를 들먹이는 목소리에 무덤덤해졌다. 일일이 상대하고 나를 변명하고 내 처지를 설득하기에는 살아갈 시간이 부족하다고 느꼈다. 정말 사랑하는 일을 만났을 때, 분명히 알게 된다. 하루하루의 시간이 사랑스러워서 미쳐버릴 것 같은 운명은 값도 없이 주어지는 행운이 아니라는 것을.

지금 나의 아들은 꼭 내가 그랬던 것처럼 발가벗은 자신의 운명을 뚫어지게 노려보고 있다. 다행인 것은 그 아이가 스스로 운명을 발가벗겨 자기 앞에 드러나도록 만들어냈다는 점이다. 그 아이는 나보다 나은 삶을 살아가게 될 것이다. 나조차 겪지 못했던 참혹한 시절을 관통하며 뼈가 으스러지는 고통과 살이 찢기는 아픔에 서서히 중독되어 갈 것이다. 그리고 먼 훗날에는 그 아픈 운명에 감사하는 날이 찾아오겠지……

내가 지금 살아가는 시간이 아들에게 나이트로글리세린처럼 빠져나올 수 없는 독약이 되어 치명적인 순간들로 새겨졌으면 좋겠다. 두 다리에서 힘이 빠져 출렁이는 외줄의 관성에 지고 말 것 같은 순간에, 지면에 떠 있는 높이가 생명을 위협하는 것처럼 무섭게 느껴지는 순간에, 내가 써온 글들과 여든여덟 나이에도 살아남기 위해 발악하듯 책상에 엎드린 모습이 그 아이의 터져버릴 듯 쿵쾅거리는 심장의 열기를 잠시 식혀주었으면 좋겠다.

그의 아버지가 그랬던 것처럼 삶을 포기하지 말아줬으면 좋겠다.

3장

끝나기 전까지는
끝난 게 아니다

풍파와 고비를 버텨낸 사랑만이
결혼생활을 유지시킬 수 있다

 술 좋아하는 내가 요즘 즐겨 마시는 것이 생겼다. 그 귀하다는 블루베리로 담근 술이다. 시중에서 조그만 병에 몇만 원씩 하는 기성품이 아니라 손수 수확한 블루베리 열매에 술을 부어 담근 수제품이다.

 맛이 어찌나 진하고 향은 또 얼마나 고급와인에 버금갈 만큼 신묘한지, 식사 때마다 반주로 아껴 마시고 있다. 입 짧은 내가 요새 들어 삼시 세끼를 꼬박꼬박 챙겨 먹는 이유가 이 블루베리 술을 맛보기 위해서다. 술을 마시려고 밥을 먹는다고 할 수 있다. 팔십 평생 안 마셔본 술이 없다고 자부하는데, 그중에서도 블루베리로 만든 술이 제일 맛나다. 늘그막에 훌륭한 친구를 새로이 사귀게 된 기분이다.

이 비싼 블루베리는 감사하게도 선물 받은 것이다. 작업실이 있는 산골 마을에 블루베리 농사를 짓는 청년이 살고 있는데, 우연히 알게 되어 내가 쓴 책 몇 권을 선물했더니 생각지도 못한 큰 답례가 돌아왔다. 올해 마흔넷. 사실 청년이라 부르기에는 조금 머쓱한 나이이나, 환갑에도 청년 회장을 맡아야 하는 시골에서 마흔네 살이면 청년 축에도 못 낀다.

대구에서 안 해본 일 없이 다해봤지만 실망과 피로만 잔뜩 쌓여 도시에서의 삶을 자의 반, 타의 반으로 청산하고 귀농을 택했다고 한다. 블루베리를 작목으로 삼은 이유도 자의 반, 타의 반이었다. 돈이 될 성싶어서, 그리고 고추나 사과처럼 품과 기술을 많이 필요로 하지 않아서였다. 농사일에 뛰어든 지 겨우 삼 년째인 초보 농사꾼은 검붉은 블루베리 열매에 내일의 목숨을 걸었다.

그 성실함이 기특하고 가여워 올해는 동리 사람들이 선뜻 이장을 맡겼다. 귀농과 귀촌을 고려하는 사람치고 외지인에 대한 불신이라느니, 텃세라느니 하는 것에 겁 한 번 집어먹지 않은 사람이 없다지만, 인간 사는 곳은 다 매한가지다. 번듯한 대기업 직장에서도 왕따와 집단 괴롭힘이 있듯이 시골살이에도 갈등과 오해가 있는 것은 당연지사다. 요는 땅을 골라 밭을 만들고 두렁을 쳐 작물이 뿌리내릴 터를 가꿔주듯 새롭게 터를 잡은 낯선 환경에서 어울리려는 노력과 다름에 대한 이해를 각오하는 것이다.

그런 의미에서 우리 블루베리 청년은 비록 인생은 내 절반 남짓밖에 경험하지 못했어도 삶에 두둑을 짓고 이웃 간에 적절한 간격으로 고랑을 내어 꽉 막힌 듯 보이던 자신의 삶에 새로운 물길을 트는 데 주저함이 없었다. 배울 점이 많은 친구다.

귀한 선물에 홀로 취하기가 뭐해서 담근 술을 들고 블루베리 청년을 찾아갔다. 저녁 먹고 술 한 잔 나누는데 뜻밖에도 좋은 소식을 들려주었다. 오랜 총각 신세를 드디어 면하게 되었다는 것이다. 군청에서 진행한 '농촌 총각 장가 보내기' 프로젝트의 대상자로 선정되어 베트남 아가씨와 맞선을 보게 되었다는 것이다. 군 전체 적잖은 농촌 총각 중에서도 대상자로 뽑혔다니 마을의 경사가 아니겠냐고 칭찬해주자, 기대도 되지만 걱정도 이만저만이 아니라고 토로했다.

한국 여자도 살기 힘들다는 산골에 머나먼 베트남에서

행차하신 신부가 쉽게 적응하겠느냐는 걱정이었다. 그래서 아직 선도 보기 전인데 오래된 화목 보일러를 고치고 인터넷을 새로 깔고 지붕도 새로 엎을 계획이라며 걱정 반, 기쁨 반인 상기된 표정으로 말을 이어갔다.

그렇게 늦도록 결혼 준비 이야기를 나누고 집으로 돌아오는 길에, 그가 내게 선물한 블루베리들이 영글었던 밭을 지나게 되었다. 블루베리는 한국 토종 식물이 아니어서 정성이 배로 들어간다. 큰 기술은 필요로 하지 않아도 자잘한 손길을 끊임없이 요구하는 작물이다. 고지대 산야에서 드문드문 나기를 좋아하는 은둔자를 확 트인 밭으로 끌어내려 대량으로 생산하는 것은 위험천만한 일이다. 특히 초반이 중요하다. 잠시라도 한눈을 팔았다가는 하루아침에 뿌리가 쇠약해져 잎사귀가 말라간다. 그럼에도 내가 이처럼 맛있는 블루베리를 곁에 두게 된 것은 게으름을 피우지 않고 열과 성의를 다한 마흔네 살 총각의 집념과 사랑이 있어서였다.

청년의 블루베리밭은 밤중에 달빛을 벗 삼아 보더라도 잡초 하나 없이 깨끗했다. 그가 이 밭을 하루라도 그냥 지나친 날이 있었을까. 작물은 밭을 돌아다니는 농부의 발소리를 듣고 자란다는 말이 있다. 사랑도 그와 다르지 않으리라. 따뜻한 이국에서 찾아오는 신부가 올겨울 겪게 될 추위를 걱정해 더운 여름날 구들장을 손보고, 그것도 모자라 수리가 잘 되었는지 시험 삼아 밤에 군불을 땠다. 에어컨을 틀어도 모자란 열대야에 불을 지폈으니 발가벗은들 그 열기를 버틸 재간이 있었겠느냐는 청년의 우스갯소리를 나는 흘려들을 수 없었다. 그런 마음으로 키운 블루베리였기에 이리 달고 쌉싸름했는가 보다. 부디 그의 사랑이 블루베리처럼 아름답게 익어가기를 기도해주었다.

하지만 뜻과 정성을 다했다고 해서 반드시 결과가 좋아진다는 약속은 없다. 예기치 못한 태풍과 가뭄이 정성 들여 가꿔놓은 블루베리밭을 덮치듯이, 가정이라는 울타리 또한 얼마나 잦은 바람과 오해로 무너질지 겁이 난다. 사십여 년에 걸친 끈질긴 고독에의 탈출이 과연 그리던 행복으로의 출발이 될지, 아니면 상상조차 하지 못했던 나락의 시작이 될지 겁이 나는 것이다.

새색시의 국적과 피부색은 잠시의 난관에 불과하다. 부부의 연을 맺는 사람들은 창세 이전에 원래 하나의 영혼이었다고 하지 않는가. 그래서 인간은 자신의 헤어진 영혼을 찾아 사랑에 아파하고 결혼을 숙고하는 것이라고. 헤어졌던 영혼을 무사히 찾게 되어 평생 동반자가 된다면 다행이겠지만, 떨어져 지낸 세월 탓인지 나와 다른 생각과 감정으로 인해 사랑은 실망으로 바뀌어 인생을 휩쓸고 지나가 버린다. 오해하고, 섭섭해하고, 미워하다가 헤어지는 것이다.

결혼은 영혼과 영혼의 만남이다. 진화론자나 생물학자들 귀에는 철 지난 종교 타령처럼 들릴지 모르지만, 아주 먼 과거 원시인들의 짝짓기에도 본능만이 전부는 아니었을 것이다. 수컷은 암컷의 배란 능력을 점칠 수 있는 둔부의 형태에 매력을 느끼고, 암컷은 수컷의 생존력을 확인하고자 커다란 등판에 탄복했다는 학설이 진실이라고 해도 항시 그런 조건만이 짝짓기를 결정하는 명제가 되지는 않았을 것이다. 우연히 눈이 맞아 본능을 거스르게 된 사랑 또한 적지 않았을 것이다. 생태의 우열을 거스르는 사랑이 예부터 적지 않았기에 인간은 이를 영혼이라는 보이지 않는 섭리에 책임을 물리게 되지 않았을까. 왜 하필 당신이었으며, 왜 하필 우리였는가에 대한 자문자답은 영혼이라는, 혹은 우연이라는 비과학적인 변수를 첨부하지 않고서는 설명하기가 어려웠을 테니 말이다.

결혼에는 이와 같은 우연이 필요하다. 거창하게 운명이라는 말까지는 쓰고 싶지 않다. 인간의 노력으로는 도저히 어쩔 수 없는 행운이 결혼에는 필요하다. 순간의 감정들이 교차하는 타인과의 합일에서 상대를 전적으로 이해하고 뼛속까지 받아들이겠다는 각오는 비참하다. 그것은 사랑이 아니라 굴종이다. 이 시대의 개화된 인간으로서 받아들여서는 안 되는 구시대의 폐습이다. 사랑이라는 감정에서만큼은 조건을 따져보지 않고 자신의 감정에 충실해지는 자유가 선행되어야 한다. 분노와 증오와 실망을 미리부터 겁내서는 안 된다.

내 경우에는 오늘 하루의 감정에 충실하려는 이기심이 결혼생활을 행복하게 유지하는 비결이었다. 사랑에서 상대를 배려한다는 것은 있을 수 없는 일이다. 사랑은 독점욕이다. 아무에게도 빼앗기고 싶지 않다는 욕심이다. 그 욕심에 거짓이 있어서는 안 된다. 사랑이라는 감정이 생겨났다면 하고 싶은 대로 표현하는 것이 행복이다.

밭에 심은 블루베리는 분명 열매를 맺는다. 도중에 포기하고 밭을 갈아엎지 않는 한, 작고 시큼한 열매라도 맛볼 수 있게 된다. 태풍이 불고 가뭄이 와도 뿌리 몇 개는 상한

가운데서도 질기게 살아남아 줄 것이다. 사랑도 다르지 않다. 풍파와 고비를 버텨내고 또 버텨낸 사랑 중에 일부만이 질기게 살아남아 그 사람과의 결혼생활을 유지시킨다. 비록 그 열매가 작고 씁쓸하더라도 거기에는 세상 그 어떤 과정에서도 맛볼 수 없는 맛이 숨어 있다.

그만큼의 수고가 고작 작은 결실 하나에 지나지 않는다고 허무해할 것 없다. 우리 삶에 허무하지 않은 것이 있는가. 사랑이라는 감정을 인내와 수고가 배신하지 않은 것만으로도 나는 감사히 여기고 있다.

블루베리 청년은 좋은 남편이 되어줄 것이다.

🌿
"할 수 있다.
여기서 포기하면 안 된다. 버텨보자"

　나는 50세에 아들을 낳았다. 그 늦은 나이에 덜컥 아비가 되었다. 아이를 낳고 이름을 지으려고 옥편을 뒤적이다가 문득 야마모토 이소로쿠가 생각났다. 이소로쿠의 아버지는 56세에 그를 낳고 오십육이라는 이름을 지어줬다. 내가 너를 포기하지 않았던 것처럼 너 또한 내가 없는 세상에서 너를 포기하는 일이 없기를, 늙은 아버지는 간절히 기도하는 마음으로 아들의 이름을 이소로쿠(오십육)로 지어줬을 것이다. 나도 이소로쿠의 아버지처럼 이름을 오십으로 지어줄까, 진지하게 고민했다. 내 성이 '김'이니까 아이 이름은 '김오십'이 되는 것이다. 발음상 듣기가 그래서 오십의 다른 한자인 '오순五旬'도 생각해봤는데, 왠지 여자

이름 같아서 포기했다.

야마모토 이소로쿠의 아버지는 오십육이라는 이름으로 아들에게 포기하지 말 것을 가르쳤다. 나는 오십이라는 이름을 지어줄 용기가 없어 포기하지 않기를, 중도에 그만두지 않기를, 겁먹고 뒤돌아서지 않기를 이 보잘것없는 삶의 모습으로 몸소 보여줄 수밖에 없었다. 그러니 나는 아들 앞에서 힘들어야 한다. 힘들어도 참아내야 한다. 그렇게 궁상맞은 인생을 보여줘야 한다. 늘 술에 절어 맨정신일 때가 거의 없는 아버지였고, 나이키 운동화 한 켤레도 사주지 않은 아버지이며, 공부에도 신경 써주지 못한 죄인 같은 아비였지만, 이런 나도 아들 앞에서 단 한 가지 부끄럽지 않은 것이 있다. 비록 삶을 두려워하기는 했어도 포기하지 않았다는 증명이다. 이 글이 나의 증명이다. 나를 읽어주는 한 명의 독자가 그 증명이다.

갓 대학을 졸업한 젊은 편집자와 소주를 마시면서 연봉이 어떻게 되느냐고 물어본 적이 있다. 마이너스 이천만 원이라는 대답이 돌아왔다. 그러고는 소주 한 잔을 입에 털어넣고 배시시 웃는다. 그 미소에 가슴이 찢어질 것만 같았다. 학자금대출로 이천만 원을 빌렸는데 그중 일부는 위암에 걸린 아버지 수술비로 보탰단다. 대출 상환기간은 십 년. 서른넷이 되어야만 진짜로 대학을 졸업하는 것이라며, 아직은 세상을 배우는 학생이라고 구김살 없이 말하는 그녀에게서 나는 미안함과 고마움을 동시에 느꼈다. 청춘을 담보로 돈을 빌릴 수 있는 그녀가 그날 술자리에서 그 어떤 조명보다 빛나 보였고, 바깥의 어둠보다 더 막막해 보였다.

신입 편집자가 짊어진 상환기간 십 년을 이소로쿠 아버지의 오십육 년보다, 나의 오십 년보다 작다고 할 수 있을까? 그녀가 앞이 안 보인다며 주저앉으려 할 때, 나는 그녀에게 너는 왜 용기가 없느냐, 너는 젊지 않느냐, 나는 너보다 훨씬 긴 시간을 버텼다, 라고 말할 수 있을까? 그렇게 속 편히 말해버려도 될까? 그래선 안 된다는 생각만 든다. 그렇다면 내가 해줄 수 있는 말은 무엇일까.

내가 살아온 시간은 행복하지 않았고, 내가 살아온 방식들은 올바르지 못했다. 엄밀히 따져서 나의 삶은 누군가에게 권할 만한 길이 아니다. 세속적인 잣대를 들이대면 나는 분명 실패자다.

그러나 분명히 말할 수 있는 한 가지는 포기하지 않았다는 것이다. 포기하지 않았다기보다는 포기하고 싶지 않았다. 누군들 포기하고 싶겠는가. 포기하고 싶은 사람은 없다. 여건이, 상황이 어쩔 수 없을 따름이다. 그러니 포기하고 싶지 않다는 그 마음만큼은 외면하지 말기를 부탁한다. 인생은 실패의 연속이다. 꿈을 포기하지 못했던 내 모습이야말로, 여기 적힌 몇 줄의 글이야말로 생생한 실패의 증거일지도 모른다. 가끔은 나의 내일이 텔레비전과 신문에 등장하는 안타까운 뉴스가 될까봐 겁이 난다. 자기 손으로 자신을 포기한 불행한 사람들과 나는 뭐가 다른지 생각한다. 어쩌면 나는 그들보다 용감하지 못해 살아 있는 것만 같을 때가 있다. 살아 있다는 게 창피하고 아플 때가 있다.

살아 있다는 창피함을 감추기 위해 나는 나를 속인다. 절망은 희망을 포기한 이들이 맞이하는 결론이다, 라는 주문을 외운다. 포기해서 절망하는 것이 아니라 절망하면 포기하게 되는 거라고.

오늘과 내일을, 지나간 시간을, 이미 겪어버린 일들을, 나는 포기하지 않는다. 그리고 십 년 후의 나를 상상한다. 내일 아침 눈이 떠질지 안 떠질지 모르는 나이가 됐어도, 반쯤은 죽음에 잠식당한 몸이 됐어도, 십 년 뒤에 나는 어떻게 살고 있을까, 무엇을 하고 있을까 상상한다. 원하든 원치 않든 십 년이라는 세월, 3650일이라는 날짜, 그리고 87600시간은 흐른다. 미래는 십 년 후가 아니다. 3650일 중 어느 한 날도 아니다. 87600이라는 시간은 이미 시작됐고, 미래는 지금 이 순간이다. 방금 나는 십 년 후의 미래라고 여겼던 87600시간의 일부를 할애해 원고지 열 장 분량의 글을 썼다.

미래는 오늘이다. 미래는 매 순간 나를 찾아낸다. 끝없이 나를 발견하는 미래이기에, 나는 모든 순간에 희망이라는 이름을 부과할 수 있는 자격과 권한이 있다. 인간이 미래를 계획하는 이유는 십 년 후의 나를, 지금으로부터 십 년 후에 만날 내가 아니라, 이 순간부터 앞으로 십 년간 매 순간 조우할 나의 모습을 원하기 때문이다.

내일의 삶이 오늘보다 더 무거울 수도 있다. 내일은 오늘보다 무례한 사람들을 더 자주 겪고, 내일 아침에는 오늘 아침보다 걱정과 불안이 더 깊어질 수도 있다. 반대로 내일의 나는 오늘보다 더 단단해져 있을 수도 있다. 내일의 나는 오늘보다 조금 더 용감해지고, 내일 아침을 맞이하는 나는 오늘 아침보다 긍정적이고 활기가 넘치고 왠지 모르게 자신감이 차 있을 수도 있다. 내일 눈이 떠지면 기적처럼 감격스런 마음이 내 안에서 일렁거릴 수도 있다. 오늘은 포기했을지 몰라도 내일은 기적처럼 용기가 생길지도 모른다. 이제 정말 마지막이라고 단념했는데, 내일 눈 떠보니 마지막이 아니었구나, 마지막은커녕 난 아직 출발도 안 했던 거구나, 새삼 발견하고 기뻤던 아침을 한두 번 경험한 게 아니다.

헛꿈 꾸지 말라고 비웃음당해도 좋다. 그러다 더 늦게 된다는 충고가 하고 싶다면 내 귀에 대고 마음껏 해보라고 놔두겠다. 비겁해지는 것도 지겹고, 나까지 나를 비하하는 건 더욱 싫다. 안 될 수도 있다는 거, 아니, 아마 안 될 거라는 것을 안다. 가망이 없다는 것도 안다. 이 정도로는 부족하다는 것도 알고 있다. 만에 하나 이루어진다면 요행에 불과하다는 자기기만이 떠오를 것이다.

말해주지 않아도 내가 더 잘 안다. 구태여 말을 안 했을 뿐, 본인 상태는 자기 자신이 제일 잘 안다. 그래도 나인데 어떡하나. 세상이 나를 포기했다고 나까지 나를 포기하고 돌아설 수는 없는 노릇이다.

할 수 있다, 여기서 포기하면 안 된다. 버텨보자.

변명처럼 들릴 수도 있다. 노골적으로 위선적인 자기암시라는 것도 인정한다. 그치만 사랑하는 걸 어떡하겠는가. 이소로쿠의 아버지가 이소로쿠를 사랑했듯이, 내가 나의 아들을 사랑하듯이, 나는 내 인생과 꿈을 사랑한다. 그런 내 모습이 사랑스럽다. 나는 이런 나를 사랑할 수밖에 없다. 사람은 자신을 사랑하지 않고서는 견딜 수 없는 생물이다. 나마저 나를 미워하면 그땐 정말 모든 게 끝나버린다는 걸, 세상에서 가장 무서운 사람은 바로 나 자신이라는 걸, 뼈저리게 배웠다.

부끄럽게도 당할 만큼 당했고 숱하게 포기했다. 하지만 이젠 부끄럽지도 비참하지도 않다. 타인의 판단이라는 것에 지겹도록 시달려보고 내린 결론은 스스로 달라지고 싶은 마음이 생겼다면 그때가 가장 빠르다는 것. 열심히 안 해서 그렇다는 충고, 남보다 노력이 부족했다는 평가 따위 듣고 싶지 않다. 마음껏 나를 판단해보라고 내버려둔다. 어차피 내 목소리에 제대로 귀 기울여준 세상이 아니다. 때론 가족도 내 이야기를 무시한다. 나를 훑어보는 얄팍한 시선 따위 가치도 없다는 걸 안다. 그게 부끄러웠다면 여기까지 오지도 못했다. 내가 나를 부끄러워함이 가장 큰 수치라는 걸 깨달았다.

  모든 것이 마음이다. 그리고 나는 시간이다. 내가 나를 기다려줄 것이다. 모두가 나를 떠나도, 한 사람도 남김없이 나를 포기해도, 내가 내 곁을 지켜줄 것이다. 포기하지만 않는다면 어딘들 도착해 있을 거라고 믿는다.

  살아지는 게 아니라 살아가는 것이다. 단 하루를 살아도, 나는 그렇게 살아야 한다고 믿는다.

최악의 악몽은 더 이상 꿈꾸지 않는
나를 발견했을 때였다

살면서 제일 적게 한 생각이 뭘지 고민해봤는데 나는 행복하다는 생각을 거의 안 해본 것 같다. 행복하지는 않았지만 축복받은 인생이었음을 부정할 수는 없겠다. 내 입으로 말하기는 쑥스럽지만 아무리 생각해도 나는 축복받은 사람이다. 그래서 행복하진 않았어도 불행하지도 않았다는 결론을 내리게 되었다.

인간은 가져보지 못한 것들만 상상한다. 질병은 건강한 몸을 원하고, 가난은 돈이 궁하지 않은 생활을 원하며, 고독은 서로 이해하며 살아갈 배우자를 원한다. 그런 사람이 되면 그땐 더 이상 바라지 않게 될까? 그런 사람이 됐음에도 마음 한구석이 차갑게 식고 입맛이 씁쓸하다면 그땐 어떡해야 하나. 그런 사람이 되는 것이 삶의 목표였는데 정말 그런 사람이 되어버린 다음에는 뭐가 남을까? 남은 시간은 무엇으로 채워나가야 할까? 채워나갈 것들이 없다는 걸 알게 되면 그때 가서 또 무슨 생각을 하게 될까? 몸이 건강해졌는데, 가난에서 벗어났는데, 누군가로 인해 더 이상 외롭지 않은데, 그 순간이 또 다른 허무와 상실로 느껴진다면 그때는 무엇을 더 원해야 할까?

최악의 악몽은 이루지 못한 꿈이 아니라 더 이상 꿈꾸지 않는 나를 발견했을 때였다. 남은 시간이 줄어드는 걸 바라보며 두려움과 조급함 대신 다 이룬 것처럼 아무것도 하지 않고 무기력하게 누워 있는 나를 바라보는 것은 다시는 겪고 싶지 않은 무서운 꿈이었다.

행복에 끝이 있는지는 모르겠지만 불행에 끝이 없다는 건 아주 잘 안다. 오늘의 나보다 더 불행한 내가 내일 존재할 수 있음을 알고 있다. 그걸 잊지 않으려고 항상 노력한다. 나는 아직도 내가 어떻게 해야 행복해질 수 있는지, 또 무엇이 진정한 행복인지 모른다. 그런 점에서 나는 행복하지 않은 사람이지만 불행에 대한 대비는 행복한 사람들보다 더 잘되어 있다고 생각한다.

인생 말년에 베토벤은 메모지에 이런 글귀를 남겼다.

운명이여! 그대의 힘을 드러내라.
내가 나를 위해 아무것도 할 수 없음을 가르쳐준 것은 네가 아니더냐.
너는 내게서 청력을 앗아갔다. 너는 내게서 사랑하는 연인을 앗아갔다.
그러나 너는 나를 아직도 꿈꾸게 하였다.
그것만으로도 나는 너를 용서하련다.

조만간 정년퇴직이 칠십 세까지 연장되는 세상이 올 것이다. 평균수명이 팔십 세를 넘긴 지 오래라는 말을 들을 때마다 팔십을 훌쩍 넘긴 나더러 미련 갖지 말고 죽어달라는 소린가, 서운함에 시달리는 내 모습이 애처롭다. 이렇게 세상이 계속 늘어간다면 머잖아 평균수명은 구십에 가까워질 것이다. 젊은 사람들은 좋겠다. 칠십에 은퇴해도 이십 년의 세월이 더 주어질 테니까. 갓난쟁이가 스무 살이 될 때까지의 시간이 은퇴 후에 한 번 더 주어진다니, 이 얼마나 큰 축복인가. 스무 살이 되기까지 우리가 겪었던 순간들을 떠올려보자. 걸음마를 떼고, 엄마를 부르고, 사춘기 광풍을 노도처럼 뚫고 나가 난생처음 맞이하는 첫사랑의 아련함이 아물 때쯤 스무 살짜리 성인이 된다. 생명의 성장기가 나이 칠십에 한 번 더 찾아오는 것이다.

지금 내가 스무 살이라면 나는 일흔 살 이후의 삶을 준비할 것이다. 일흔 살까지는 현실에 순응한 미꾸라지처럼 진흙밭을 요리조리 눈치껏 빠져나가는 데 전력하겠지만, 그러면서도 잊지 않고 일흔 살부터 시작될 새로운 청춘을 계획할 것이다. 잘 먹고, 운동하고, 놀 수 있을 때 실컷 놀고, 일흔 살까지는 실수해도 괜찮다는 여유를 품고, 청춘이 다시 돌아오리라는 비밀을 가슴에 안은 채 이 험난한 조류 위에서 인생의 돛을 소신껏 펼칠 것이다. 그러나 정작 그런 것까지 알고 있는 지금의 나는 죽음의 언덕을 거의 다 올라온 듯싶다.

나는 젊음이 부럽다. 내 모든 걸 바꿔서라도 다시 한번 젊은 날로 돌아갈 수 있다면, 그날이 전쟁이 터진 고향땅이라 한들 나는 돌아가고 싶다. 그리고 다시금 살아남고 싶다. 두 번째 청춘을 살게 된다면 이번에는 그 고통을 더욱 치열하게 삼키고 싶다. 문신처럼 몸에 새기고 이루어질 수 없는 꿈들을 쫓아가고 싶다. 이루어질 수 없는 욕심이 불쑥 생겨날 때면 너무 일찍 포기해버린 지난날이 후회스럽다. 늦었다고 이십 대 중반에 포기했지만 삼십 대에도 기회가 있었고, 서른이 넘어 늦었다고 생각했지만 오십이 다 되어서도 기회는 있었다.

환갑이 지나서는 심심한데 젊어서 못한 그 일을 취미 삼아 한번 해볼까, 간만에 가슴이 두근거렸지만 나는 또다시 늦었다고 지레 포기하고 벌써 오래전부터 지쳤다는 핑계로 나 자신을 속였다. 결국 칠십이 넘어서야 나는 꿈꿔왔던 내 모습과 가장 근접한 길을 걷게 되었다. 그게 너무나 미안하다. 나한테 미안한 것이 아니다. 언제나 내 편이었던 시간에게 미안하다.

희망처럼 잔인한 선물은 없다. 나처럼 죽음을 앞두고도 희망을 버리지 못하는 것이 인간의 본색이다. 모두가 희망하는 삶을 살게 되는 것도 아니고, 그 전에 자기가 무엇을 희망하는지도 모르고 사는 사람이 부지기수다.

다시 스무 살로 돌아간다면 나의 희망은 거창하지 않다. 돈을 많이 벌면 좋겠지만 부자라고 다 행복하지 않듯이, 돈만 있다고 행복해질 거라는 기대는 하지 않을 것이다.

물질 덕에 많이 편할 거라는 건 알지만, 물질 덕에 많이 행복하다고 고백하는 삶은 원치 않는다. 사랑도 그렇다. 가슴 벅차게 사랑해봤지만 그 사랑이 영원하지는 않았다. 사랑하는 그 사람은 내가 되지 못하고, 수십 년을 있어도 나는 그 사람을 이해하지 못했다. 그 사람과 나는 너무나 다르다는 인식은 그 사람을 사랑하는 마음보다 더 오래 지속되었다. 사랑한다면 감수하겠지만, 그 사랑이 영원토록 변하지 않는다는 보장은 없다. 그러니 나는 영원한 사랑도 희망하지 않는다.

희망할 수 있는 것은 오직 하나, 나의 변화뿐이다. 매일 조금씩 달라지고, 조금 더 나은 사람이 되어가는 내 모습. 그 모습을 희망할 수 있는 유일한 하루. 그날이 오늘임을 감사히 여길 줄 아는 사람으로 만들어가는 것. 그것이 내가 바라던 일의 전부였음을 나는 너무 늦게 알아버렸다.

타인을 용서하는 것, 다름을 포용해주는 것

 당신은, 아마 지금 이 순간에도 그런 생각을 하고 있을 것이다. 남보다 멋진 인생을 살려면 어떻게 해야 할까. 그런 생각이 나쁘다는 것은 아니지만, 한 번쯤 '저 사람들을 돕기 위해서는 어떻게 살아야 할까'라는 생각도 해보기를 권한다. 단언컨대 나만 잘되면 그만이라는 인생은 불행까지는 아니지만 불우하다. 우리는 내가 아닌 저들도 생각해야 하며, 그것이 때로는 궁극적인 삶의 방향이 되어준다. 타인에게 뭔가 해줘야겠다는 다짐만으로도 세상이 훨씬 새롭게 느껴질 것이다. 인간의 정신에는 새로움을 아름다움으로 착각하는 아주 좋은 메커니즘이 있기 때문이다.

 인간은 세상의 일부다. 그리고 나는 이 세상을 살아가는 인간의 일부다. 내가 나를 생각하고 염려하듯 내 이웃과 세상을 걱정하고 생각하는 것은 어찌 보면 의무라고 할 수 있다. 그것이 바로 '산다'는 동사의 진정한 의미다. 그 의미를 실현하지 못하는 삶은 인생이라는 이름에 걸맞지 않은 부끄러운 생이다.

'산다'는 것이 어떤 의미인지를 이해한다면 타인을 위한 희생을 손해로 계산하는 일은 없을 것이다. 나의 몫을 양보하더라도 괴롭지 않다. 내 것을 조금 나눠주더라도 거만해지지 않는다. 불만은 가진 자들만이 가질 수 있는 마음이다. 뭐라도 가졌기에 나보다 더 가진 자들과 나를 비교하고, 그들보다 못 가진 나를 비하하고, 나보다 더 가진 그들을 격하시킨다. 세상은 언제나 불평등했다. 그리고 모든 이들의 삶이 고통스러울 정도로 불평등한 시대에는 항상 반역이 일어나거나 민란이 터지거나 혁명이 등장했다. 그때의 불평등은 생사가 걸린 불평등이기 때문이다.

오늘 우리가 겪는 불평등도 구조적 모순과 폐단이 가득하지만 그래도 생사가 걸린 문제는 아니다. 생사가 걸리지 않은 불평등이라면 원인은 한 가지, 비교다. 지금 먹은 밥도 충분히 괜찮은데 내가 먹은 것보다 더 좋은 음식을 먹은 사람들 때문에 나의 한끼가 비참해진다면 이것은 불평등이 아니다. 치졸한 불만일 뿐이다. 그들이 내 것을 빼앗아 풍요로워졌다고 의심하지만 현실은 내 손으로 내 마음의 밭에 불을 질러 소중한 결실을 태워버린 것이다. 그 예시는 멀리서 뒤져볼 것도 없다. 지금의 노인세대를 보면 알 수 있는 일이다.

나도 늙었지만 요즘 나이 든 사람들을 보면 불안하다. 어떤 해괴망측한 짓을 저지를지 몰라서다. 내 눈으로 목격한 일도 많고, 알고 싶지 않아도 알게 되는 사건사고도 많다. 꼰대라느니, 틀딱이라느니 하는 말은 차라리 어감이라도 귀엽지, 그 오래된 인생에 쌓인 증오와 불만, 불평, 타인에게만 가학적인 이기심을 보고 있노라면 그들과 한 세상을 엉기며 살아온 나의 과거에 분노와 회한이 넘쳐날 정도다.

부끄럽게도 우리 세대의 삶이 이런 모습의 늙음이 된 까닭은 베풀지 않아서다. 나누지 않고, 배려하지 않고, 용서하지 않고, 인정하지 않고, 바꾸지 않았기 때문에 우리는 이렇게 늙어버렸다.

용서가 사라진 세상이 두렵다. 신의 존립여부에 상관없

이 인간에겐 종교가 필수다. 종교는 다른 말로 용서이기 때문이다. 종교의 힘을 빌려서라도 우리에겐 용서가 필요하다. 종교라는 강압을 통해서라도 우리는 서로를 용서해줘야 한다. 그래야만 본성에 도사리고 있는 증오와 원망을 억제할 수 있다. 내가 대범해서, 인격자라서 상대를 용서해주는 것이 아니다. 살기 위해서, 인간답게 살기 위해서, 몸을 씻듯 용서를 통해 마음에 묻은 때와 오물을 씻어버려야 한다.

우리 세대는 용서를 몰랐다. 너무나 많은 전쟁을 겪었고, 월급에 가족의 생사가 걸려 있었다. 배려해주고 양보해줬다가는 뒤로 밀려나는 것이 아니라, 조금 늦게 받는 정도가 아니라, 아예 빈털터리가 되거나 그대로 추락해버릴 거라고 두려워했다. 하지만 그 각박했던 시절에도 얼마든지 배려할 수 있었고, 서로 양보했더라면 더 많은 것을 누리며 보다 정의로운 공생이 가능했다는 걸 지금은 안다.

그때도 아마 알고 있었을 것이다. 알면서도 우리는 외면했다. 눈앞의 이득과 양심을 맞바꿨고, 용서와 배려를 패배자의 변명이라며 면박했다. 그 습성이 수십 년 마음에 축적되어 말과 행동으로 드러난다. 그래서 세상은 노인을 혐오한다. 노인혐오라는 저급한 신분을 우리는 젊어서부터 스스로 자처해온 것이다.

요새 젊은이들을 보고 있으면 왜 그렇게 아파하는지 이해가 안 됐다. 전쟁터에 끌려가 죽을 위기도 없고, 기근에 굶어죽을 염려가 있는 것도 아닌데 어찌하여 저리도 살아감을 괴로워하고 회피하려 드는지, 터놓고 말해 한심스러울 때가 태반이었다. 시대가 달라졌으니 마음이 체감하는 삶의 의미와 충족의 규격을 우리 때와 비교해서는 안 된다는 건 알지만, 인생이라는 게 따지고 보면 뻔한데 뭐 그리 사는 게 어렵다고 앓는 소리를 하는지. 실컷 키워놨더니 더 달라고 땡깡부리는 것처럼 얄밉기도 했다. 겉으로는 그러냐며 공감하는 척했지만, 속으로는 요새 아이들 참 약해서 큰일이라고 여겼다.

그들을 배려해줄 생각을 하지 못했다. 아니, 그들에게 나 때문에 세상이 이 모양 이 꼴이 되었다, 나도 이 망가진 현실의 원인 중 하나다, 나를 용서해다오, 두 손 모아 빌 용기가 없었다. 우리는 배우지 못하고 깨닫지 못해서 너희들 탓만 한다고, 미워하는 것 말고는 할 줄 아는 게 없다고, 훗날 나 같은 취급을 받지 않으려거든 지금부터라도 몸과 마음을 잘 회복시켜 거창하지 않아도 좋으니 살아감의 의미를 찾아내 달라고 부탁하지 못했다.

마음 한편에는 분명 그렇게 말해주고 싶고 용서받고 싶은 진심이 가득한데 입이 안 떨어지고, 다가가지 못하겠고, 손 내밀어 붙잡아주지를 못했다. 이 또한 용서를 구해야 할 일이다. 용서를 구하는 마음으로 같잖은 충고라도 해보는 것인데, 바라는 건 오직 한 가지, 우리와 달리 너그러운 인생이 되어주기를 바란다는 것이다. 내 나이가 되었을 즈음 우리처럼 멸시받지 않고, 세상을 시끄럽게 만들지 않고, 부디 온유하고 자비롭게 젊은 자들을 감싸안아 줄 수 있는 늙음이 되어주기를 소원한다.

다음 세대에게 가장 절실한 가치는 '포용'과 '용인'이다. 나를 용서하고 타인을 용서해주지 못하는 세상이 앞으로도 지속된다면 나의 늙음보다 더 불행한 늙음을 용인할 수밖에 없는 처지가 될 것이다. 그때 가서 후회해본들 고칠 힘도, 성찰할 기력도 남아 있지 않다.

인생에서 의미를 찾을 수 있는 가장 쉽고 빠른 길은 용서다. 나는 그렇게 생각한다. 내 인생에도 가치가 있다는 것을 무엇으로 증명할까? 성공은 증명해내지 못한다. 나보다 더 성공한 사람 앞에서 주눅이 들고, 나의 성공이 누군가에게는 아무 가치 없는 것일 수 있기 때문이다.

그러나 타인을 용서하는 것, 타인의 다름을 포용해주는 것은 내가 누구이든, 어떤 사람이든 증명이 가능하다. 내가 용서해줄 수 있고 받아줄 수 있는 사람임을 증명해냈을 때, 사람들은 그런 나를 다른 눈으로 바라봐준다. 어쩌면 그런 시선들이 모여 마음 한구석의 공간을 채워주는 것인지도 모른다. 그런 눈들이 나를 지켜봐주고 의지하고 기대고 있다는 의식이 나를 더 좋은 사람으로, 의미 있는 존재로 이끌어가는 것이다.

인생은 혼자 살 수 없다. 혼자라면 삶은 의미가 없다. 독단은 언젠가는 삶을 망치는 독이 되기 마련이다.

세월은 여전히 <u>흐르고</u>
사람은 여전히 그립다

  인생을 살다 보면 경륜과 지혜도 쌓이지만 그에 필적하는 상처와 후회도 쌓인다. 나쁜 기억은 좋은 기억보다 여운이 짙어서 수십 년 전의 좋은 기억은 자취를 찾기 어려워도, 수십 년 전에 받았던 마음의 상처는 평생의 한으로 남아 일생을 따라다니기도 한다.

  특히 사람에 대한 기억은 세상사 좋은 사람보다 그렇지 못한 사람이 더 많은 것이 이치이므로 반백의 머리칼이 될 즈음에는 사람을 향한 마음도 희끗희끗하게 퇴색되기 마련이다. 이를 어찌 받아들이느냐에 따라 남은 삶이 고독해지기도 하고, 누군가는 휘어지는 마음을 붙잡아 한 발이라도 더 '남'쪽을 향해 돌아설 기회로 삼기도 한다.

자주 산책하는 마을 길에는 예쁘장하게 지은 벽돌집이 한 채 있다. 그런데 이 집 구조가 재미난다. 분명 집터가 남향임에도 창문이 보이지 않는다. 대문도 보이지 않는다. 명산의 반열에 오른 일월산 자락에 반듯하게 집을 올렸다면 바깥 경치를 보면서 마음 너그러이 살고자 하는 욕심이 컸을 텐데, 어찌 집을 이리도 해괴하게 지었을지 궁금해서 하루는 날을 잡아 근처까지 가보았다. 어디서 튀어나왔는지 사납게 생긴 셰퍼드 두 마리가 사정없이 짖어댔다.

집에서 기르는 개마저도 이토록 사람에게 호의적이지 않은 것을 보니 평소 주인 행실이 괴팍하겠구나 싶어 발길을 돌렸다. 그때 뒤에서 부르는 소리가 들렸다. 이대로 꽁무니를 뺐다간 뭐라도 집어가려고 집을 기웃거렸다는 오해를 사게 될 것 같아 재빨리 돌아섰다.

주인으로 보이는 사람이 집 뒤편에서 걸어 나오는 게 보였다. 내가 먼저 실례했다고 꾸벅 인사를 하며, 집이 하도 예뻐 진즉부터 주목하던 차였는데 바람 쐬러 나온 길에 둘러보게 되었다고 변명처럼 부언했다. 그러자 남자는 대뜸 들어오라며 담장으로 세워놓은 철조망 펜스 일부를 번쩍 들어 한쪽으로 치워주었다. 그러니까 이 집에는 실제로 대문이 없고 들락날락할 때마다 철조망을 일일이 손으로 걷어내야 하는 구조였다. 무거워 보이는 펜스를 붙잡고 나를 쳐다보는 눈길이 민망해 뜰로 들어서기는 했는데, 뒤이어 다시금 펜스를 원래 자리로 돌려놓는 묵직한 파공음이 들리자 꼭 감옥에 갇힌 것 같은 기분이 들었다.

얼굴이 익어 어디서 뵌 분 같다고 슬쩍 아는 체를 해보았다. 한동네 사람으로 오다가다 길에서 한 번 안 마주쳤을 리 없으니 거짓말은 아니었다. 그쪽에서도 마을회관에 책을 기증하러 갔을 때 나를 본 기억이 있다고 했다. 왜소한 체격에 나이도 적잖아 보이는 노인네가 고불고불한 머리카락을 어깨 근처까지 내려뜨린 모습이 한적한 시골 마을 사람답지 않다고 여겼다는 것이다. 그러고 보니 기억이 날 듯도 싶었다.

마을회관에 도서관이 들어서면서 책을 기증하는 행사가 있었다. 그날 책 수백 권을 트럭에 싣고 와 통 크게 내놓고는 쏜살같이 내뺀 양반이 있었다. 그 별난 이가 내 앞에 앉아 있는 이 별난 집의 주인이었다. 자연스레 말문이 트였고, 그 양반 입에서 방죽 무너지듯 살아온 인생사가 쉴 틈 없이 쏟아져 내렸다.

과거 모 지방 군수까지 지냈던 내력에 국회의원 선거에도 나갔다고 한다. 그러다가 믿는 이들에게 배신당하고 의지했던 동료에게 이용만 당했다는 부끄러움에 도망치듯 아는 사람 하나 없는 경상북도 오지 산골로 내려왔다고 한다. 이로도 모자랐는지 세상과 담을 쌓겠다는 의지를 보여주고자 동네에서 명당 중의 명당이라 불리는 땅에 집을 지어놓고도 난데없이 북쪽으로 창과 문을 냈다는 소회였다. 그러면서 하는 말이 사람이라면 이가 박박 갈린단다. 사나운 셰퍼드 두 마리와 함께 하는 지금이 가장 행복하다는 말에 실소가 터질 뻔했지만 예의상 아랫입술을 질끈 깨물며 참아냈다.

사람이 그만큼 밉고 지겨워졌다는 이가 사실상 첫 만남이나 진배없는 나를 붙잡고 가슴에 담긴 앙금이며 한을 머뭇거리지 않고 토해낸다. 처음 보는 이에게 살아온 날들을 거침없이 이야기하는 남자의 이면에는 그리움이 잔뜩 괴어 있었다. 사람이 밉고 지겹고 싫증 난 게 아니라 내 마음에 들지 않는 사람들이 얄밉고 내 뜻을 따라주지 않는 사람들이 지겨워졌던 것이다.

사람이 밉고 싫어져 사람 사는 곳으로는 창문도 내지 않았다는 남자의 속 깊은 감정까지 비난하고 싶지는 않다. 인간관계처럼 기준이 모호하고 시비가 자의적으로 해석되는 경우는 없기 때문이다. 모두가 웃고 있을 때 나는 눈물을 흘릴 수도 있다. 모두가 나를 위해 울어줄 때, 정작 나는 그 눈물이 달갑지 않을 때가 있다. 그 광범위한 오류의 특성들을 하나의 기준으로 단일화시키려는 의지에서 옳지 못한 정치사상이 등장하고, 언론은 여론을 호도하는 주범이 되고, 비열해진 종교는 서로가 원하는 종말이 다르다는 근거로 테러를 순교로 자각한다.

나는 일견 남자의 선택이 이해되기도 했다. 사람과의 어울림은 진부하고 지루하다. 내게 이날까지 동행해준 친구가 없는 까닭은 그들이 나만큼 오래 살지 못하고 먼저 세상을 떠난 이유도 있으나, 만남이 거듭될수록 지루해졌다는 피로감도 있었다. 스스로에게도 만족하지 못하는 인간이 자신에게서 찾지 못하는 위로와 편의를 타인에게서 찾아내려 하는 것은 난제 중의 난제다. 정답이 없는 소모적인 질문의 연속이다.

나는 타인에게 질문 던지기를 포기했다. 그들에게 나에 대해 어떤 생각과 의견을 갖고 있는지 질문하는 것을 중단했다. 그러다 보니 자연스레 사람들 곁에서 멀어졌다. 고립이라면 일종의 고립이다. 나는 그중에서도 아주 폭넓은 고립을 시도했다. 알베르 카뮈의 스승이었던 장 그르니에는 '인간은 사회라는 바다 위에 떠 있는 외로운 섬'이라고 말했다. 나는 섬이 되는 것마저 거부했다고 볼 수 있다. 대신에 나는 파도가 되어보기로 했다.

인간관계는 일방적으로 어느 한쪽에서 중단을 선포할 수 있는 계약이 아니다. 경상북도 산골 오지 마을에서도 그리움이 싹트며, 대자연의 품에서도 보이지 않는 인간을 향한 미움은 좀처럼 가시지 않는다. 최선의 길은 모두를 이해하고 적정한 개입을 유지하며 서로의 어깨를 부축해줄 수 있는 포용의 자세이겠지만, 그 해답이 너무나 원칙적이고 이상적이라는 점이 우리를 곤혹스럽게 만든다.

그에 비하면 파도는 섬 주변을 떠나지 않는다. 다가간 거리만큼 물러나기를 반복한다. 파도가 섬에 다가가는 일은 있어도 섬이 파도를 찾아오지는 않는다. 마찬가지로 사람들은 여간해서는 나를 찾아주지 않는다. 짐작건대 그들 눈에는 내가 꼭 찾아야 할 만큼 가치가 있는 존재로 여겨지지 않는 모양이다. 그렇다고 나는 타인의 인식을 원망하지 않는다. 비록 자의식은 상처를 받기도 하지만.

헤어짐을 앞두고 처자식과도 연락을 주고받지 않는다며 오만하게 자신의 독행을 자랑하던 남자는 또 오라며 전화번호까지 알려주었다. 남자는 기울어가는 노을만큼이나 줄어든 모습으로 한참 동안 내 뒷모습을 바라보았다. 몇 번을 돌아봐도 그는 여전히 그 자리에 서서 나를 배웅하고 있었다.

봄이지만 봄 같지 않은 날씨
그러나 얼마 지나지 않으면
지금 계절이 그리워지겠지요.

- 김상용, 「남으로 창을 내겠소」 중에서

사람과 인생이 지겨울 때가 있다. 다 알게 된 듯하고 더 없는 듯하여 이제는 끝이겠거니 마음을 접으려 하지만, 세월은 여전히 흐르고 사람은 여전히 그립다. 그게 산다는 것이며, 그래서 우리는 상처를 안고 자연의 품에 의탁해서도 남쪽으로 창을 내놓고 한적한 풍경 너머로 누군가 다가와 주지 않을까 기다리는 것이다. 사람이 싫어 북으로 창을 내고 은둔했어도 마음의 창만큼은 내가 아닌 '남'을 바라보고 있는 것이다.

나이가 들어 한 가지 좋은 점이 생겼다면 솔직해져도 예전처럼 부끄럼을 타지 않게 되었다는 것이다. 나이가 들어 자연이 좋아지는 이유가 그것이다. 자연은 삭풍에 황량해진 제 몸을 부끄러워하지 않는다. 찬란한 녹음을 자부하지도 않는다. 자연과 벗하며 여생을 보내겠다는 그분이 곧 배우게 될 세상의 진실이다.

그때쯤이면 그 집 창문도 남쪽으로 열리게 될 것이다.

4장

쇼펜하우어처럼 살다가
톨스토이처럼 죽고 싶다

여든 살 소년
표류기

쥘 베른은 프랑스에서 과학소설이라는 새로운 분야를 개척한 주역으로 유명하다. 대표작으로 우리가 잘 아는 『해저 2만 리』와 『80일간의 세계 일주』가 있다.

과학과는 거리가 먼 일생을 보내왔지만, 과학소설의 아버지로 불리는 쥘 베른과는 적잖은 인연이 있다. 젊었을 때 일하던 신문사에서 외국 소설을 연재해보라는 특명을 받고 고민 끝에 쥘 베른이 쓴 『15소년 표류기』라는 소설을 번역해 실었다. 육십 년 전이니 그 시절에는 불어를 전공한 사람을 찾기가 힘들었다. 편법으로 일본어 번역판을 동료와 함께 우리말로 번역했다. 어찌 보면 세상에 내놓은 내 첫 번째 번역서라고 볼 수 있다.

그때는 이 지겨운 작업이 하루빨리 끝나기를 간절히 원했었다. 원래 돈 받고 하는 일은 재미가 적은 법이다. 육십 년 후에 번역이 업이 될 줄 알았더라면 더 열심히 했을 테지만, 한 치 앞을 내다보지 못한다는 점이 인생의 가장 큰 매력이니 아쉬움은 없다.

그런데 신기한 것은 요즘 들어 이『15소년 표류기』라는 책을 자주 읽게 된다는 점이다. 열두세 살 먹은 뉴질랜드 소년들이 수학여행을 떠났다가 바다에서 풍랑을 만나 무인도에 표류하는 모험을 그린 이 소설이 요즘 내가 가장 사랑하는 책이다. 책 속에 등장하는 소년들은 동굴을 거처 삼아 생존을 위해 매일매일 거친 환경과 싸우며 적응해나간다. 동굴의 원주인인 곰과 싸우고, 물개를 사냥해 램프에 필요한 기름을 구하고, 언젠가는 집으로 돌아가 학교에 복귀할 날을 꿈꾸며 공부하는 것도 잊지 않는다. 투표로 지도자를 뽑고, 때로는 의견이 맞지 않아 다툼도 벌인다. 무인도에서의 생활은 열다섯 소년에게 날마다 새로운 두려움과 흥분과 성취감을 맛보여주었다.

젊어서 읽었던『15소년 표류기』는 그저 아이들 장난같이 유치하게 느껴졌었다. 그러나 여든이 넘어 다시 펼쳐본

이 책은 남의 일 같지 않은 공감과 깨달음 그리고 희망을 속삭여주었다.

그 아이들이 무인도에 낙오되었다고 한다면, 나는 이 낯선 노년의 시간에 덩그러니 내던져졌다. 그 아이들이 무인도에서 겪었던 도전과 실패, 기대와 실망은 끝이 보이지 않는 늙음을 매일 같이 새롭게 접해야 하는 나의 좌절을 닮았다. 그러고 보니 쥘 베른이 이 책을 썼을 때 나이가 환갑이었다. 소년들의 모험기를 상상하기에는 나이가 너무 많다. 육십 먹은 노인네가 무인도에서 벌어지는 열두 살짜리 아이들의 성장에 왜 그토록 관심을 가졌던 걸까.

이건 내 억측이지만 나이 든 쥘 베른은 자신이 쓴 책을 통해서라도 인간의 본성, 즉 익숙해질 수 없는 이 세계와, 그래서 세월이 아무리 흘러도 변치 않는 삶에 대한 호기심을 증명해내려고 했던 것 같다. 다시 말하지만 이건 내 억측이다. 지금 내 처지에 빗대어 강제로 의미를 부여한 데 지나지 않는다.

어쨌든 나는 『15소년 표류기』를 읽으며 부표처럼 떠돌기를 그치지 못하는 나의 삶을 떠올리고 있다. 나는 분명 열심히 살았다. 지난날에 아쉬움은 있어도 부끄러움은 없는 까닭이다. 열심히 살기는 살았는데 바깥만 보았다. 바깥의 상황을 따라가기에 급급했다. 바깥의 변화에 적응하려고 노력했다. 그럴수록 내 안의 '나', 무인도처럼 내 안에 감춰진 진짜 '나'와의 거리는 점점 더 멀어졌다. 퇴직하고 사람들이 곁을 떠나고, 거울 속 내 모습에서 젊음이라고는 눈을 씻고 봐도 찾을 수 없는 지금에서야 진짜 '나'를 찾게 되었는데, 서글프게도 먹다 남긴 옥수수 알맹이만큼이나 쨔글쨔글하다.

  그 대면의 시간이 처음에는 당황스러웠지만 어느새 익숙해졌는지 이제는 당연한 결과물로 받아들인다. 무인도에 표류한 아이들도 처음에는 매일 밤 해변에 횃불을 피워 지나가는 배가 자신들을 발견해주기를 기대했었다. 그러다가 일 년쯤 지나서는 스스로 횃불을 꺼버리고 만다. 물론 내가 마주하고 있는 현실은 소년들이 처한 가상의 환경과는 다르다. 그 아이들은 남의 손에 구출되기 어렵다는 걸 깨닫고 무인도에서의 삶을 개척하는 데 익숙해진 것이라면, 내 경우는 늙어버렸다는 변명에 익숙해져 좀 더 주어질지도 모르는 나의 시간을 포기해버린 것이다. 무의미해진 내 모습에 적응이 끝났다고도 볼 수 있다.

바깥에 익숙해진 나의 동공은 거울이라는 외벽에 비치는 내 모습을 보고 현재의 나를 결정해버리기 일쑤다. 너는 늙었다, 늙으면 애가 된다, 그러니 어리광을 부릴 수도 있는 것 아닌가, 하고 의미 없는 실망과 한숨에 면죄부를 남발한다. 속으로는 참담함을 금할 길이 없지만 거울에 비치는 내 모습이 저리 늙었으니 이래도 될 것 같다고 여긴다.

이런 변화를 감수할 수 있을지는 마음먹기에 달린 듯싶다. 인간이 나이가 들어 늙는다는 것은 자기와의 본질적인 투쟁에 징집되어 전쟁터로 끌려갈 때가 가까워지고 있다는 뜻이다. 그러므로 나는 지금 삶이라는 바다에서 무인도라는 인생에 표류 중인 소년이다. 현재의 내 생활을 '여든여덟 소년의 표류기'로 부르는 까닭이다. 이 세상에서 가장 위험한 적은 타인이 아닌 바로 나 자신이다. 죽음과 가까워질수록 이런 사실을 뼈저리게 느낀다.

그런데 사람에게는 자기를 둘러싸고 있는 현실에 안주하며 자신을 속이려 드는 나쁜 버릇이 있다. 죽을 때까지 그 유혹이 뒤를 쫓는다. 이 싸움에서 승리하게 된다면 그때부터 진정한 의미의 삶이 시작된다고 할 수 있다. 자연의 순리는 마지막이 클라이맥스다. 최후의 불꽃, 지는 노을이 가장 아름다운 법이라고 믿는다. 꼬리를 늘어뜨리며 떨어지는 유성만큼 아름다운 별이 어디 있는가. 그 기회를 나는 지난 세월을 통해 획득했고, 얼마 남지 않은 다가올 세월 속에서 성취하게 될 것이다.

난관은 주변 여건이 아니었다. 언제나 나 자신이었다. 나는 항상 주어진 여건과 상황이 안정되기를 소망했다. 한곳에 정착하면 그만큼 편안하게 살 수 있음을 알고 있었다. 그렇기 때문에 도전과 모험을 피해 가려고 노력했다. 소설 말미에 구출된 열다섯 명의 소년은 그간의 고통스러운 시간을 위로해주는 부모들에게 말한다. "우리가 앞으로 겪게 될 인생은 그곳에서의 생활보다 훨씬 더 잔인해요. 우리는 강해졌어요."

생의 마지막 기회를 참된 인생을 걸어가는 데 쓸 것인가, 아니면 주어진 길을 따라 늙고 병들어가는 데 쓸 것인가. 지금 이 순간이 나에게는 두 번 다시 되풀이되지 않을 표류기의 시작이다.

멋진 죽음을 꿈꾸고 있기에 지금이라도 당장 새로운 무인도를 찾아내어 낙오되고 싶다. 그 투쟁의 모험에 뛰어들어야만 후회가 없을 것 같다.

혹시라도 결과가 뜻대로 되지 않을 수 있다. 그래도 좋다. 결과가 나쁘더라도 나 자신에게 절대로 부끄럽지 않기 때문이다. 그만큼 최선을 다했다면 이보다 더 상쾌하고 기분 좋은 일은 없을 것이다.

지나고 보니 인생은 괴로울수록 재미있는 최고의 놀이였다. 그렇게 말할 수 있는 지금이야말로 내 인생에서 가장 황홀한 모험의 시기이다.

부모는 나약하고
위태로운 존재다

 가슴 아픈 말이 자주 들려온다. '흙수저'와 '금수저'로 나뉘는 이분법이 시대를 지배한다는 한탄이다. 여기에는 태생적 한계를 당연하게 인정하는 패배감이 서려 있다. 또한 부모의 재산과 사회적 명성이라는 후광에 기대어 보다 편하게, 이른 나이에 자기만의 영역을 구축해놓은 이들을 향한 부러움이 숨어 있다. 봉건의 잔재인 가문과 혈통이 사라진 자리를 이제는 '건물주의 자녀', '판검사의 아버지'라는 수식이 대신하고 있다.

 흙수저와 금수저의 공통점은 순응이다. 흙수저는 죽어라 흙만 파야 되고, 금수저는 금이 아닌 것들에 관심을 기울여서는 안 된다. 흙수저는 금의 영롱함 앞에서 패배자가 된 것처럼 움츠러들고, 금수저는 흙의 생명력이라는 가능성을 애초부터 상실당한다.

흙수저와 금수저라는 이분법은 단순히 겉으로 드러난 배경의 차이에 그치지 않는다. 개척과 갈망, 도전과 모험이라는 인간을 인간답게 만들어온 감수성을 포기하게 만든다. 흙수저라 자처하며 희망이 없다는 포기도 저주이며, 금수저라는 환경에서 유유자적 살아가는 적응도 저주다. 인간에게는 금과 흙이 더불어 공존하기 때문이다. 바깥에서 삶의 근거를 찾는 것처럼 바보 같은 짓은 없다. 시대를 막론하고 세상은 아무것도 보장해주지 않는 위험한 곳이기 때문이다. 그 위험한 곳에서 '부모'라는 존재는 나만큼이나 나약하고 위태로운 존재다. 머잖아 늙어 쓰러져 나에게 도움을 요청하게 될 잠재적 약자다.

지금 당장은 부모가 입혀준 금박 옷에 사람들이 관심을 보이며 나를 존중해주는 것이 기쁠 수도 있다. 지금 당장은 부모가 입혀준 흙 묻은 넝마가 부끄러울 수도 있다. 그러나 타고난 배경이란 어차피 벗어던져야 할 무거운 사슬에 지나지 않는다. 사슬이 낡아 해어졌을 때, 사슬 속에 숨겨둔 나의 진짜 모습이 드러난다. 우리가 두려워해야 할 것은 오직 그것뿐이다. 이를 기억하기 위해 나는 소설『삼대』를 읽는다. 그리고 작가 염상섭의 생애를 반추한다. 굴곡진 시대를 관통했던 옛 시절의 소설이 기술 문명의 극한을 향해 질주하는 오늘의 시대에도 통용될 수 있음을 확인하면서 다시금 머릿속을 정리해보는 것이다. 수십 년 전이나 지금이나 인간의 정신구조에서 신분과 재물의 위상은 변함이 없다는 무기력함, 따라서 강요된 무기력한 인생을 깨뜨려버리고 뛰쳐나간 과거의 운명들이 어쩌면 그 위상에서 해방되는 정답이 될 수 있으리라는 기대를 안고 나는 책장을 펼친다.

『삼대』의 주인공 덕기는 요즘 말로 표현하면 금수저로 태어났다. 그러나 자신의 무기력함에 한없이 절망하고 말았다. 염상섭도 금수저로 태어났다. 하지만 금박을 입혀놓은 꾸며진 삶을 벗어던지고 황무지 같은 흙구덩이 속을 헤집으며 일생을 보냈다. 덕기와 염상섭에게 금수저는 삶의 척도가 아니었다. 수저보다 중요한 것은 자기 자신에게 부끄럽지 않은 삶이었기 때문이다.

『삼대』의 배경은 일제 강점기 서울에 터를 잡은 조씨 집안이다. 대지주이며 재산가인 할아버지 조의관은 신분제가 사라졌음에도 족보를 사들여 조상의 신분을 세탁하려 들 만큼 명분과 물질에 집착하는 인물이다. 미국 유학을 마치고 돌아온 아버지 조상훈은 겉으로는 개화된 기독교인답게 교육사업에 앞장서는 것처럼 보이지만 부친 조의관의 재산에 기대어 몰래 불륜을 저지르고 마약에까지 손을 대는 등 타락을 일삼는다. 젊은 손자 조덕기는 할아버지와 아버지 사이에서 벌어지는 반목과 갈등의 틈바구니에 끼어 이러지도 저러지도 못한 채 이 집과는 상관없는 사람이 되고자 한다.

집안의 갈등은 병든 조의관이 죽기 직전에 재산을 손자 조덕기 앞으로 돌려놓으면서 시작된다. 그 재산은 조덕기의 삶을 구렁텅이로 몰아넣는다. 아버지 살아생전에는 그와 뜻이 맞지 않아 속이 곪았던 조상훈은 아버지가 돌아가신 후에는 아들 조덕기와 재산 문제, 다른 인생관 문제로 엮이는 신세가 되어버린 데 좌절한다.

한편 조덕기는 조부가 쌓아놓은 물질이라는 금수저, 부친이 쌓아 올린 신분이라는 금수저에 깔려 숨이 막혀버리기 직전이었다. 그의 내면에는 할아버지와 아버지가 만들어놓은 부유하고 안전한 울타리 밖으로 나가 생기 넘치는 현실과 부딪혀보고 싶은 욕망이 가득했다. 조의관의 손자, 조상훈의 아들로 평가받는 삶이 아닌 조덕기라는 이름만으로도 충분한 인생을 살아보고 싶은 것이다. 금수저로 태어난 젊은이의 허세처럼 보이기도 하지만, 염상섭은 완벽해 보이는 조덕기의 배경과 스펙이야말로 조덕기의 남은 삶을 구속하는 재갈과 채찍이 되리라는 것을 숨기지 않았다. 금수저로 태어난 조덕기의 삶이 할아버지와 아버지라는 오래되고 낡은 세월의 결과물, 다시 말해 신비로울 것도, 보람될 것도 없는 배부른 가축의 삶에 머물게 되리라는 예언이었다.

내 모습이 가축처럼 여겨지는 까닭은 굳이 내가 아니더라도, 설령 다른 누구를 내가 있는 자리에 데려오더라도 전혀 다르지 않은 모습이 반복될 것 같다는 굴욕감 때문이다. 인간에게는 내가 아니면 안 된다는 절대적인 감각이 필요하다. 그 감각은 보호받지 못하는 광야에서 몸소 터득되는 감정이기도 하다. 편리는 인간을 굴욕이라는 병에 빠뜨리는 세균이 되기도 한다. 조덕기는 자신의 삶을 계획적으로 감염시킨 그 세균의 정체가 타고난 금수저임을 깨달았다. 조덕기가 느낀 생의 굴욕은 편리한 환경에 압도된 인간이 병들어 앓게 된 환부를 나타냈다. 염상섭은 덕기를 통해 자신이 처한 위기의 정체를 밝히고자 한 것이다.

염상섭의 부친은 영친왕의 생모와 소꿉동무였다. 그런 인맥을 밑천 삼아 지방에서 군수 자리를 얻어 관직에 나갔다가 조선말 격변기에 농민군의 포로가 된 전력이 있다. 그 이야기는 염상섭의 아버지가 백성을 수탈한 탐관오리였다는 뜻이다. 덕분에 부친은 서울 종로에 커다란 기와집을 구할 만큼 재산을 축적하는 데 성공했다. 친형은 일본군 장교로 복무한 악질 친일파였다. 식민지 조선에서 염상섭은 상위권에 들어가는 금수저였다. 열다섯에 도쿄로 유학을 떠나 대학을 중퇴하기까지 그는 그곳에서 칠 년이나 머물렀다.

하지만 염상섭은 금으로 가공된 인생을 순순히 받아들이지 않았다. 보장된 미래, 경제적인 윤택함에 안도하며 금수저로 박제된 삶을 살아가고 싶지 않았다. 젊은 영혼에서 뿜어져 나오는 아픈 시대를 향한 동질감, 자신의 피와 살로 살아 있음의 존엄을 증명하고 싶다는 모험심은 염상섭을 혼탁한 시대의 한복판으로 인도했다. 그곳에서 염상섭은 금수저를 입에 물고 태어났다는 축복과 시기의 대상에서 벗어나 민족 문학을 이끌고 독립에 앞장서는 시대의 인도자로 거듭나게 되었다.

나는 염상섭 선생의 말년을 똑똑히 기억하고 있다. 그의 비참한 노년을 취재했었기 때문이다. 달동네나 다름없는 허름한 빈민가 자택에서 선생은 병마와 가난에 고통받고 있었다. 하루하루가 생사의 기로였다. 자신에게 주어진 편리를 벗어던지는 과정에서 선생의 성격은 모질고 비타협적으로 변해갔을 테다. 세상은 선생이 괴팍하다며 척을 지었다. 선생은 도움의 손길에 극도로 예민하게 반응했다. 그 고통스러운 반응에서 나는 그의 과거를 읽었다. 탐관오리의 아들, 친일파 장교의 동생이라는 그림자. 일평생 민족을 계몽시키고 깨우친 소설가 염상섭의 굶주리고 아픈 표정 뒤에는 여전히 금수저로 태어났다는 가책이 모질게 따라다니고 있는 것 같았다.

염상섭의 작품에서 세상은 암담하고 불안하게 묘사된다. 그가 처한 시대적 배경도 지나칠 수 없겠으나, 우리 시대라고 해서 세상이 희망차고 더없이 행복하게 느껴지는 것은 아니다. 사회는 전에 비해 나아지지도, 그렇다고 물러나지도 않고 늘 비슷한 후회와 실망을 남기고 있다. 젊은 날의 염상섭에게 그런 이분법적인 삶을 강요하는 사회는 거대한 무덤, 즉 공동묘지와 다를 바 없었을 것이다. 금수저를 떠받들며 옹립하는 것도 사회, 그만큼 갖추지 못한 이들을 흙수저라 정의 내리는 것도 사회의 의식과 기조다.

염상섭은 무덤처럼 무겁게 짓누르는 사회 밖으로 탈출하기 위해 입에 물린 금수저를 내뱉었다. 그는 할아버지와 아버지의 삶, 즉 그가 개입할 수 없었던 누군가의 과거로 인해 자신의 현재를 평가당하고 싶지 않았다. 진정 살아있다는 것은 이만한 배포와 긍지를 두고 하는 말이다.

젊은 자녀들은 살기가 퍽퍽하다는 볼멘소리를 한입 가득 물고, 애만 키우기에는 한푼이 아쉽다며 부모에게 손주를 훌쩍 떠안겨버린다. 늙은 부모는 낳은 죄를 곱씹으며 아픈 몸을 이끌고 새끼들이 맡긴 어린 손주의 성장을 떠받든다. 그렇게 또다시 세대를 이어 학교에 보내고, 결혼을 시키고, 집칸이라도 얻어줘 독립시킬 책무에 시달리는 부모는 자신의 일생이 투영된 재산을 자녀의 삶에 수액처럼 흘려보낸다. 그 끝에 얻어지는 결말이 무엇인지 가늠되지 않을 만큼 세상은 점점 더 각박해져 몸살을 앓고 있다. 그리고 치열한 생존에의 경쟁은 마침내 가족이라는 피붙이의 끈끈한 유대를 금과 흙이라는 무생물로 사물화하는 사태를 낳았다.

내가 알지 못하는 시대에 나를 닮은 선조들이 보여줬던 강인한 성품, 이 땅에서 생명을 지켜낸 도덕적 완고함 등은 온데간데없이 사라지고 아파트 한 채, 기껏해야 몇십 년 안에는 허물어질 콘크리트더미로 지어 올린 건물이 부모라는 성품의 유전을 판가름하는 잣대로 사용되고 있다.

치열하게 전개되는 현재의 내 모습 또한 머지않은 미래에 나의 자녀에게 콘크리트더미, 순금 몇 돈으로 치부될지도 모르는 욕망의 상속이다. 이것이 『삼대』가 쓰인 그 시절부터 지금까지 우리가 가꿔온 인생의 슬픈 표정은 아닌지 노소가 함께 되돌아볼 일이다.

나는 톨스토이처럼 죽고 싶다

삶이라는 단어보다 죽음이라는 단어가 더 친근하게 느껴지는 나의 오늘이다. 남은 목표는 죽음을 맞이하는 순간 짓게 될 표정, 마지막 말들과 흘릴 미소, 영원한 안식에의 도달을 스스로 계획하여 실천할 수 있겠는가, 라는 가능성의 증대로 집약된다.

갑작스레 정신을 잃고 싶지는 않다. 밥 먹고 편안히 낮잠을 자다가 조용히 눈을 뜨지 못하게 되는 일은 없기를 바란다. 죽음을 의식하고 싶다. 몸과 정신이 죽어가는 과정들을 경험하고 싶다. 아픈 이별을 생생하게 체험하고 싶다. 육신이 마지막 소원을 버티어낼지는 미지수다. 삶이 그러했듯이 죽음도 뜻대로 좌우하지는 못할 것이다.

그에 대한 반사작용인지 언제부턴가 죽음들을 찾아보는 재미에 푹 빠졌다. 위대한 삶의 끝이 어떤 식으로 마무리되었는지 궁금했다. 소설 『연인』의 작가 마르그리트 뒤라스는 마흔 살 연하의 남자친구 품에서 정신을 잃었다. 그렇게 칠 년간 혼수상태에 빠져 있다가 죽음을 맞이했다.

1989년에 정신을 잃은 뒤라스의 육신은 1996년 봄이 되어서야 작동을 중단했다. 그녀의 칠 년 삶을 반추해봤다. 그리고 결론을 내렸다. 뒤라스는 1989년에 남자친구의 품에서 이미 죽어버린 것이다. 이후의 칠 년은 뒤라스가 아니었다. 담배를 태우지 못하는 뒤라스, 글을 쓰지 못하는 뒤라스, 독기 어린 눈빛으로 세상을 노려보지 못하는 뒤라스는 뒤라스가 아니다.

어느 의사는 말했다. 정신을 잃어 침대에 누워 있어도 곁에서 사람들이 하는 말을 듣고 있으며 생각도 하고 있다고. 의사의 진단은 아무런 위로가 되어주지 못한다. 나는 결국 인간의 정신이 육체 밖으로 나와 물질의 세계에서 자유로워지는 장면을 구경하지 못하고 죽게 될 것이다. 뒤라스처럼 사랑하는 사람 품에서 오랫동안 망각의 시간을 반복하지 않게 되기를 바라는 마음뿐이다. 뒤라스는 내가 가장 피하고 싶은 죽음을 맞이했다.

 죽음이 사육되는 시대를 살아가고 있다. 전국 각지에 자리 잡은 요양병원과 요양원. 죽음의 대기소와도 같은 풍경을 매일 같이 떠올린다. 자녀를 위해, 가족을 위해, 살아 있는 자들을 위해 대기소의 침대 위에 기저귀를 차고 누워 죽음의 내방을 기다리는 인원 중 하나가 되지 않기를 간절히 기도해본다.

 그러나 여기서도 기도와 응답은 비례하지 않는다. 어쩌면 나는 인생에서 가장 위대한 선택의 기로에 서 있는지도 모르겠다. 두려워 떨며 죽음이 찾아오기를 기다릴 것인가, 아니면 스스로 죽음을 불러들이는, 일생에 단 한 번뿐인 자기 타살의 주범이 될 것인가.

 지금 내 나이라면 죽어도 호상이라느니, 천수를 누린 것 아니냐는 말들 앞에서 겸손해지지 않는다. 나의 오늘은 그간 경험했던 수많은 '오늘'과 바꾸지 못할 단 하루다. 갓 태어난 생일날의 오늘, 스무 살의 오늘, 마흔 살의 오늘, 여든 살의 오늘은 전혀 다르지 않다. 어제보다 못하고 내일보다 덜 소중한 오늘은 없다. 그러므로 오늘 죽어도 여한이 없다는 말을 감히 입에 담지 못한다. 그따위 거짓말로 내가 살아온 시간을 부정하고 싶지 않다. 나는 더 살고 싶은 것이다. 계속해서 무엇인가 뜻깊은 상황이 벌어질 것만 같은 오늘을 반복하고 싶다.

그래서 감당할 수 없는 오늘이 찾아오게 될까 봐 염려한다. 뒤라스가 겪었던 침묵과 어둠의 칠 년은 살고 싶은 '오늘'의 모습이 아니다. 그래서 나는 해답으로 톨스토이의 죽음을 찾아냈다. 톨스토이가 죽음에 내몰린 과정을 진심으로 존경해 마지않는다. 그가 이룩한 무수한 대작들, 생전에 얻은 전 지구적 명성은 하나도 부럽지 않다. 그의 생애에서 부러운 것은 오직 하나, 그를 죽음으로 몰고 간 마지막 '오늘'에 결행한 자기 타살의 시도뿐이다.

톨스토이는 러시아의 학대받는 사람들, 가난한 농노들의 해방과 자유를 그려낸 작품으로 큰돈을 벌었다. 그 사실이 톨스토이를 괴롭혔다. 그가 쓴 고통 받는 자들의 이야기가 세상에 전해질수록 그의 명성과 재산은 증식되었다. 하지만 작품의 진짜 주인공인 러시아의 보통 사람들은 여전히 생활고에 시달리고 있었다. 톨스토이는 그 괴리에서 책임감을 느꼈다. 고민 끝에 저작물에서 얻어지는 인세를 가난한 사람들에게 환원하려 했지만, 이번에는 가족들이 배신감에 치를 떨었다. 위대한 소설가이기 전에 남편과 아버지로서의 오늘을 망각하지 말라는 경고였다.

가출해서 죽기 전날까지도 밤새 『예술이란 무엇인가』를 집필했을 만큼 몸과 마음이 강건했던 그였다. 그러나 가족과의 갈등은 톨스토이를 지치게 만들었다. 혹시라도 쓸데없는 짓을 저지를까 봐 눈에 불을 켜고 감시하는 아내와 아이들이 있는 집에서는 단 하루도 머물고 싶지 않았다. 수많은 독자들의 추앙을 받는 대문호에게 주어진 자유는 세 평 남짓한 서재가 전부였다. 톨스토이는 점점 더 고독해졌고, 가족들은 톨스토이가 나이 들어 연약해졌다며 그가 평생에 쌓아 올린 권위와 판단력마저 빼앗으려 했다. 오늘날까지도 톨스토이 문학의 성지로 군림하며 방문객의 발길이 끊이지 않는 야스나야 폴랴나는 그 자체로 살풍경한 요양원이 되어버렸다.

1910년 10월 27일 자정이 가까운 늦은 밤, 결국 사건이 터졌다. 톨스토이가 잠든 것을 확인한 아내와 아이들, 출판업자가 톨스토이의 서재를 뒤졌다. 혹시나 유언장에 엉뚱한 말을 쓰지는 않았는지, 그들이 모르는 재산상의 다른 서류가 있는 건 아닌지 뒤져본 것이다. 그리고 우연히 잠에서 깨어나 서재에 들른 톨스토이는 이 장면을 목격했다. 늙은 소설가는 격노했다. 배신감과 실망감에 치를 떨었다. 아내와 아이들은 한편이 되어 가장 역할보다 작가로서, 사상가로서의 책임에 더 큰 의미를 두는 아버지에게 그동안 얼마나 섭섭했었는지를 거친 말로 토로했다.

새벽까지 가족들과 심하게 다툰 톨스토이는 마음을 정리하기에 이르렀다. 말이 안 통하는 늙은 아비, 평생 가족 생각을 해주지 않는 무심한 남편의 몰골로 집안에 갇혀 감시당하며 언제 올지 모르는 최후를 기다리며 살고 싶지 않았다. 차라리 그가 추구했던 자유로운 영혼, 무소유를 실행에 옮기자고 결심하며 주치의를 데리고는 집을 나가버렸다.

파란만장한 여든두 해를 버텨온 노구를 이끌고 새벽녘에 몰래 뒷문으로 빠져나간 늙은 작가는 살아서 가족들 곁으로 돌아오지 못하리라는 것을 알고 있었다. 그는 이상과 맞지 않는 부끄러운 삶을 버리고 그가 일생에 글로 묘사해온 러시아의 가난한 백성들을 돌아보고 위로하다 길에서 죽으리라 다짐했다.

그 다짐은 며칠 후 실현되었다. 1910년 11월 7일, 기차에 몸을 싣고 이동하던 톨스토이는 갑작스러운 여행의 피로와 추위를 이기지 못하고 급성 폐렴에 걸리고 말았다. 마침 그를 알아본 역무원이 간이역에 임시로 하차시켰고, 난로 하나 없는 간이역의 차가운 침대 위에서 톨스토이는 죽음을 맞이했다. 전 세계가 자살이나 진배없는 대문호의 허망한 죽음에 충격을 받았다.

톨스토이가 남긴 그 많은 책보다도 그의 죽음이 나에게 더 큰 진실을 가르쳐준다. 나는 지금 톨스토이와 마찬가지로 죽고 싶어도 죽지 못하는 시대를 살아가고 있기 때문이다. 무병은 사라지고 장수만 남았다. 아픈 장수는 행복하지 않다. 더구나 그 아픔은 내 육신의 아픔만으로 끝나지 않는다. 가족과의 불화, 장수에 소모되는 경제적 갈등……. 만에 하나 노인장기요양보험의 혜택을 입어 요양원에 머문다고 한들 난생처음 겪는 손길에 나의 적나라한 고통과 수치가 몽땅 드러나는 것이 살아 있다는 안도와 행복으로 바뀔 수 있는지를 생각해봤을 때, 톨스토이의 선택은 어찌 보면 시대를 앞지르는 선견지명 같다는 감동마저 든다.

전국에는 사천 개의 요양원이 있고, 지금 이 순간에도 그보다 더 많은 가정에서 이 땅의 숱한 톨스토이들이 몸보다 지쳐버린 마음의 병으로 고통받고 있다. 지금이야말로 솔직해져야 할 때다. 톨스토이가 선택했던 자기 타살이라는 죽음의 한 형태를 진지하게 고민해봐야 할 시기다. 내가 알고 있는 죽음의 가치와 그에 이르는 과정이 더는 나를 지탱해주지 못하고 있기 때문이다. 세상은 변하고 또 변한다. 죽음인들 변하지 말라는 법은 없다.

아프리카 노인들은 나이 듦에 대한 보상을 부끄럽게 여겼다

프랑스 작가 시몬 드 보부아르는 "노인이라는 현실은 사회적 정황에 달려 있다"고 말했다. 이 말은 노인들에 대한 예우와 노인들의 처신이 개인보다도 사회적 차이에 따라 결정되어왔다는 뜻이다.

사회를 지배하는 문화적 배경과 경제적 배경은 사회에 소속된 노인들의 삶을 규정하는 보이지 않는 권력이다. 어떤 사회는 노인들을 혐오하면서도 제대로 대우해준다. 그들도 머잖아 노인이 된다는 것을 기억하기 때문이다. 또 다른 사회는 노인들을 공경하지만 죽음을 방치한다. 노인들의 무능력과 의존성이 사회의 존속을 위협한다고 판단해서다.

인간이 자신의 늙음을 성찰하고 표현한 최초의 시기는 로마 시대로 거슬러 올라간다. 당시 로마는 세계 최강국이었다. 군사력뿐만 아니라 정치, 경제, 문화가 동시다발적으로 정점을 향해 치달았다. 제국의 전성기를 온몸으로 일궈낸 정치가와 군인들, 예술가와 철학자들은 나이가 들어서도 젊은 시절의 영광을 잃고 싶지 않았다. 그들이 봤을 때 이마에 새겨진 주름은 나약함과 무능력의 상징이 아닌 젊은 날 국가와 사회, 가정에 이바지한 위대함과 고귀함, 사랑의 표식이었다.

그래서 로마 시대에는 노인들 사이에서 자살이 유행했다. 명예를 지키고 싶은 노인은 반드시 제 손으로 목숨을 끊어야 한다는 강박관념 같은 것이 번져나갔다. 젊은 시절의 헌신을 위로받지 못한 데서 야기되는 고뇌와 고독은 인간을 절망으로 내몬다. 로마의 노인들은 살아서 절망하느니 죽어서 자유로워지는 것을 택했다. 로마의 철학자 세네카가 '고통이 두려워 죽는 자는 비겁하지만 고통을 참아내며 살아가는 자는 어리석다. 어리석은 노인이 되어 부끄럽게 살아가느니 늙은 비겁자로 죽는 편이 낫겠다.'고 쓴 것만 봐도 로마의 노인들이 얼마나 자존감이 높았는지, 그

높은 자존감만큼 그들이 견뎌내야 할 사회적 시선과 차별이 얼마나 뼈아팠을지 짐작이 간다.

인류 역사상 노인 스스로 자신의 정체성에 의미를 부여한 첫 번째 주인공은 성 아우구스티누스였다. 당시로서는 드물게 일흔여섯까지 장수하며 인생의 온갖 풍파를 경험하고 신의 섭리를 온몸으로 체득한 이 거룩한 성자는 인간의 삶을 다음과 같이 요약했다.

> 인간에게는 요람기, 유년기, 청년기, 장년기, 중년기, 노년기가 있다. 늙어가는 인생에 후회와 슬픔, 미련 같은 고통이 더해지는 까닭은 나이가 들어 몸에 병이 생겨서가 아니라 마음이 타락했기 때문이다. 인간의 내면은 날마다 새롭게 만들어진다. 그것을 깨닫고 받아들이는 자는 나이에 상관없이 나날이 새로운 삶을 살아간다.

아우구스티누스는 서기 430년에 세상을 떠났다. 따져보면 지금으로부터 무려 천육백 년 전이다. 천육백 년 전 사람이 노년에 대해, 나아가 인생에 대해 이토록 완벽한 해답을 내놓았다는 것이 신기할 따름이다. 아우구스티누스의 말처럼 몸에 병이 생기고 나이가 들어 허탈해지는 것이 아니다. 노년기에 접어들었으므로 당연히 마음이 약해지고, 의욕을 상실하고, 먹는 것에 집착하고, 양보하지 않고, 배려하지 못하게 되는 것이 아니다. 근본 이유는 마음이 타락해서다. 감정이 고갈되었기 때문이다. 살아오는 와중에 쌓아올린 나쁜 마음들, 생각들, 죄악들에 익숙해져 반성하지 못하고 내일을 희망적으로 설계하지 못하게 되었기 때문에 인생이 고통과 직면해버린 것이다.

그래서 아우구스티누스는 나이가 들수록 고행을 통해 속죄하는 마음을 가지고 다시 태어나야 한다고 강조했다. 인간의 순수함을 되찾아야 한다고 설파했다.

역사적으로 노인의 삶이 가장 비참했던 시기는 아마도 중세 시대일 것이다. 중세 시대 노인들은 무력하고 쓸모없는 자들로 취급되었다. 나이 오십이 넘으면 '먹고 자기만 하는 자'로 분류되었다. 이런 취급은 서양과 동양을 가리지 않았다. 유럽의 농촌에서는 밭에 나가 일하지 못하는 부모를 버리는 것이 일상이었다. 인도의 몇몇 낙후지역에서는 부모가 병들기 전에 잡아먹었다. 병든 부모는 절대로 먹지 않았다. 늙음이라는 병이 전염될까 두려웠기 때문이다. 그들에게 늙어서 걷지 못하고 밭에 나가지 못하는 인간은 집에서 키우는 가축만도 못한 존재였다.

한편 아프리카에서는 선사 시대부터 노인이 굉장한 특권을 누렸다. 아프리카 흑인들은 나이가 들수록 인간에게는 경험이 쌓이고, 경험은 입에서 나오는 말을 유창하게 만들고, 유창한 언변은 사람들을 감동시킨다고 생각했다. 노인의 충고에 감동한 사람들은 현명해지고, 현명해진 부족은 오랫동안 지속된다고 믿었다. 치매에 걸려 이기적으로 변해버린 부모, 쓸데없는 자존심과 객기로 폭군처럼 고집을 부리는 노인에 대해서도 아프리카 흑인들은 의미를 부여했다. 치매마저도 인간의 정신이 한 단계 높은 곳으로 진화한 증거라고 여겼다. 그들은 치매에 걸려 자녀를 알아보지 못하는 노인을 가리켜 육신은 우리 곁에 머물고 있지만 정신은 신과 함께 지낸다면서 두려움으로 공경했다. 그러다가 끝내 말까지 잃어버리게 되면 완전한 명상에 몰입한 상태라며 존중해주었다.

평균 수명이 짧은 아프리카 대륙에서 늙음은 신의 축복이었다. 따라서 버리거나 현대사회처럼 양로원과 실버타

운에 따로 떼어놓는다는 것은 상상도 못할 짓이었다. 그들에게 집안에 나이 든 노인이 살고 있다는 것은 성공을 나타내는 증거였다.

그렇다고 단지 오래만 살면 되는 것은 아니었다. 자격이 요구되었다. 그 자격이란 지혜의 전승과 양보로 대표되는 희생이었다. 아프리카의 노인들은 젊은 세대를 존중하고 보호하는 데 철저했다. 부족 간에 전쟁이 터지면 노인들이 먼저 창을 들고 들판에 나가 싸웠다. 자신들이 처절하게 피 흘리며 싸우다 죽어가는 모습을 보며 자녀들이 무의미한 전쟁을 그치고 화해하기를 바라서였다.

아프리카의 노인들은 나이 듦에 대한 보상을 부끄럽게 여겼다. 그들은 가장 늦게 식사를 마쳤다. 다 큰 자녀와 손주들이 식사하는 것을 지켜보며 시중을 들어주었고, 아이들이 쓰다 버린 헌 옷과 헌 이불을 덮고 잤다. 시어머니가 며느리를 위해 밥상을 차려줬으며, 마을에 꼭 필요한 교사와 주술사는 나이가 많은 순으로 결정되었다. 백인 선교사들이 아프리카 원주민들의 생활상을 관찰하고 경악을 금치 못했던 이유는 그들 눈에는 이 모든 게 노인학대로 비쳤기 때문이었다.

그러나 진실은 달랐다. 아프리카 노인들에게는 명예가 돌아갔다. 나이 들어 몸이 고된데 그깟 명예가 무슨 소용이냐고 반문할 수도 있다. 하지만 몸은 힘들어도 아이들이 나의 권위를 인정해주고 내가 살아온 시간을 존경해준다는 자부심은 건강과 비교할 수 없는 축복이다. 이것은 몸의 건강보다 더 중요한 마음의 건강, 정신의 건강을 지켜주는 힘이다.

문명이 발생하기 이전, 국가와 사회라는 시스템이 출현하기 이전에, 인간이 짐승과 다를 바 없는 야만의 세월을 보냈던 형태가 가장 짙게 배어 있는 아프리카 대륙에서 노인을 이처럼 공경하고 노인에게 중요한 사회적 의무를 부여했다는 것은 생각해볼 문제다. 아프리카 속담에 이런 말이 있다. "사슴 무리를 이끄는 것은 늙은 사슴이며, 가장 늙은 수컷이 거위 떼를 이끌고, 까마귀 중 가장 나이 든 놈이 무리를 감시한다. 개코원숭이는 무리에서 가장 늙은 수놈 두 마리가 명령을 내린다."

아프리카 사람들은 노년의 사회적 역할을 떠나 자연이 노년에게 내린 숙명적 역할이 무엇인지를 알고 있었다. 노인에게는 사회에서 보호받아 마땅한 권리가 주어지지 않았다. 약자 취급을 받아서는 안 된다. 그들에게는 사회를 옳은 길로 이끌어야 할 책임이 있다. 책임은 나이를 가리키는 숫자에서 주어지는 것이 아니다. 나이를 잊은 희생에서 얻어지는 것이다. 나는 그 희생을 잊지 않고 살아가겠다.

"누구도 너의 생애에 너 이상의 영향력을 끼치지 못하게 하라"

 나이 든 사람들은 젊은 사람들이 못마땅하다. 젊은 사람은 게으르고 자기중심적이라는 편견을 갖고 있다. 젊은 사람들도 나이 든 사람들이 불편하기는 마찬가지다. 나이 든 사람들은 고리타분하고 보수적이며 부도덕하다고 생각한다. 고대 수메르 시대의 점토판에 새겨진 문자를 해독해봤더니 '요즘 젊은것들은……'이었다는 믿거나 말거나 식의 농담이 아니더라도, 어느 시대든 서로의 행동과 가치관, 자질의 차이 등을 기준으로 젊은 세대와 나이 든 세대 사이에 고성이 오간다.

 부모 세대가 자녀 세대를 이기적이고 자기중심적이라는 편견으로 바라보는 이유는 간단하다. 그들의 젊은 날이 이기적이고 자기중심적이었기 때문이다. 그들은 나의 젊은 시절이 그러했으니 저들 또한 자기밖에 모르는 유약한 어리석음에 빠져 허우적거리고 있겠지, 라는 편견을 진실로 받아들인다. 그리고 이와 비슷한 종류의 이기심으로 젊은 세대는 나이가 들면 어른스러워져야 한다는 사회규범, 그들이 가장 답답하게 여기는 이 말도 안 되는 편견을 부모에게 요구한다. 어른인 척 행동하고, 어른인 척 양보하고, 어른인 척 너그럽게 자기들을 위해 희생해달라는 뻔뻔한 이기심이다. 그 이기심의 그림자라고 할 수 있는 부모의 체면, 부모로서의 참견에 대해서는 극도의 거부감을 나타낸다. 각자의 이기심에서 비롯된 비난, 서로가 서로를 똑바로 바라봐주지 않는 불성실함이 모두를 피곤하게 만든다.

그에 따른 결과가 오늘날의 세대 갈등이다. 젊은 세대는 기성세대가 지혜롭고 관대하지 못하다며 그들이 살아온 시간의 가치를 깎아내린다. 기성세대는 젊은 세대가 좀 더 열의를 가지고 노력해야 한다며 아직 드러나지 않은 그들의 가능성을 시작부터 폄하하려 든다.

새삼 나이 들어 가족의 본질을 생각해보니 어머니 같은 따스함이 전부는 아니다. 가족은 그곳에서 태어난 이들에게 영원히 갚지 못할 빚을 안겨준다. 우리에게 베풀었던 무한한 사랑, 기쁨, 추억, 그곳에서 꿈꿨던 밝은 미래는 보잘것없는 오늘이 구차하게 지속되는 한, 갚지 못해 부끄럽고 원망스러운 빚으로 남는다. 아버지는 젊은 아들의 미래에 빚지고 있으며, 젊은 아들은 아버지의 지나간 젊음에 빚지고 있다. 누가 더 많이 차지했는가의 문제가 아니다. 그럼에도 우리는 돌려받은 것보다 베푼 것들, 양보한 것들에 사로잡혀 서로를 향한 고마움을 잊어가고 있는 것은 아닌지, 그게 걱정스럽다.

내가 젊었던 시절에도 나이 든 이들을 가리켜 '꼰장대'라 부르며 철 지난 유교적 사고방식에 반기를 드는 분위기가 있었다. 하지만 요즘처럼 세대 논쟁을 넘어서 세대 증오로 번져갔던 기억은 없다. 기득권으로 변질된 기성세대와 저성장의 덫에 갇혀 희망을 찾지 못하는 청년세대. 어느 한쪽의 불만이 아닌 양쪽 모두의 불만이 폭발 직전의 아슬아슬한 줄다리기를 하고 있어 더욱 두렵기만 하다.

굳이 통계청의 장난 가득한 숫자들을 들먹이지 않아도 이 나라에서 청년은 꿈조차 꿀 수 없는 약자임이 틀림없다. 우리가 젊었을 때는 대학만 졸업하면 미래가 보장되었을 뿐만 아니라 정년과 연공서열이 당연한 권리처럼 따라다녔다. 산업화라는 달음박질에 직장을 얻기도 쉬웠고 집장만도 어렵지 않았다. 그래서 시기를 잘 만나 부와 권력을 가장 쉽게 획득한 주제에 이제는 기득권을 내려놓는 것이 배가 아파 젊은 사람들의 미래를 보험금처럼 훔치려 든다는 아들들의 날카로운 비난이 일견 이해가 된다.

그런데 문제는 앞으로 펼쳐질 세상이 지금보다 더 살기가 녹록지 않으리라는 우울한 전망이다. 한정된 몫을 둘러싼 세대 간, 계층 간 갈등은 격화될 수밖에 없다. 따라서 지금 청년세대가 제일 먼저 해야 할 일은 현재의 아픔이 자신의 잘못이 아니라 세상의 탓이라는 것을 깨닫고 기성세대를 향해 이제 우리 마음대로 바꿔보겠다는 시위다.

어째서 힘없는 젊은이에게 모든 책임을 전가하느냐고 묻는다면 변명처럼 들릴지 모르겠지만, 우리도 젊은 날 이 가난한 세상에 던져져 맨손으로 변화를 일으켰기 때문이다. 무지하고 변화를 두려워하는 부모에게서 벗어나기 위해 혁명을 일으키고, 운동에 참여하고, 항쟁에 뛰어들어 얻어맞고 무너지고 쓰러졌던 경험이 있기 때문이다.

이 불안전한 시대를 자녀에게 물려준 죄책감에 시달리

는 아버지들이 그들의 자녀에게 해줄 수 있는 충고는 이 것뿐이다. 우리를 향한 미움과 원망은 잠시 거두고 변화를 위해 분노를 폭발시켜달라는 것뿐이다. 그렇게 자기 자신을 변해버린 세상 중 하나로 쟁취하게 되면 부모를 이해하고 나이 든 우리를 용서할 수 있게 될 것이다. 용서하는 마음의 크기는 손에 넣은 세상의 크기와는 비교도 안 될 만큼 크고 넓다.

    나는 이 대답을 꽤 오래전에 나의 아들에게 들려주었다. 장소는 영령들이 잠든 호국원이었다. 비극적인 전쟁터에서 죽지 않고 살아남았다는 이유로 국가는 내가 죽으면 호국원에 묻어주겠다고 한다. 나는 그곳이 어떻게 생겼는지 궁금했다. 그곳에서 내가 어떤 감상에 사로잡힐지 궁금해졌다. 아들에게 부탁해 둘이 함께 가보았다. 다양한 생김새의 벽면들이 호국원 입구에서부터 언덕길을 따라 가득했다. 벽면에는 죽은 자들의 유골함이 안장되어 있었다.

    나는 아들에게 머잖아 나의 무의미한 육신이 길고 긴 꿈에서 깨어나 머물게 될 벽면의 유골함 중 하나를 가리키며 이곳에 묻힌 많은 인생을 떠올려 보라고 말해주었다. 누군가의 아버지였으며 그 이전에는 누군가의 아들이었을, 그리고 남편, 동료, 경쟁자, 원수처럼 여겨졌을 인생들의 말로를 똑똑히 기억해두라고 이야기해주었다.

참혹하고 불공평했던 세상을 떠난 뒤에도 가루로 남겨져 들려주는 아쉬움의 목소리, 일찍부터 깨닫지 못했던 대답들……. 과연 저들 중에 생이 끝나가는 순간에 지나간 세월에 부끄러움이 없노라, 미움도 없노라, 청춘의 날에 아무런 후회와 미련도 없노라, 당당히 말할 수 있는 인생이 몇이나 될까.

무책임한 회피처럼 들렸을지 모르지만, 나는 그곳에서 아들에게 용서를 구했다. 그리고 믿는다고 말해주었다. 나를 원망하지 말아 달라고도 부탁했다. 내가 죽은 후 화장터 가마에서 한 줌 뼛가루로 회귀한 아버지를 품에 안고 외로이 호국원 언덕길을 오르며 난생처음 죽음과 마주하게 될 아들에게 아비로서의 가르침은 단 하나, 누구도 너의 생애에 너를 대신해 변명과 이유를 부연하지 못하게 하라는 것이었다. 누구도 너의 생애에 너 이상의 영향력과 지시를 내리지 못하도록 당당하게 살아가라. 아무도 돌아봐주지 않는 너의 세계가 비록 누추하고 보잘것없어 너 자신 말고는 그 누구에게도 내보여줄 수 없을 만큼 비참하더라도 책임과 연유를 너 자신 외에서는 찾지 말기를…….

이 가르침이 비록 아들의 귀에는 무능력하고 무책임했던 아비로서의 기억을 끌어안고 살아가야 하는 늙은 남자의 쓸쓸한 자책처럼 들릴 수도 있겠으나 반드시 기억해주기를 나는 바라는 수밖에 없었다.

인생의 수없는 종말이 펼쳐진 언덕길을 내려가는 젊은 아들의 뒷모습을 나는 사무치는 그리움으로 뒤쫓았다. 아버지와 아들은, 노인과 청년은, 구세대와 또 다른 신세대는 그렇게 서로 영원한 작별을 고하는 시기를 맞이하게 될 것이다. 피하지 못할 숙명처럼 풀리지 않는 미움과 서운함을 남긴 채 말없이 돌아서서는 서로의 뒷모습만 기억하고 그리워하게 될 것이다.

모든 인간은 나이가 든다. 모든 인간은 한때 청년이었다. 어린 생명은 어느새 어른이 되어 둥지 밖을 기웃거리고, 둥지 안에 남겨진 어미 새에게는 낡고 정든 둥지가 마지막 남은 세상이 되었다.

나쁘지 않다. 어차피 흐르는 시간이다. 시간이 내 곁을 떠난다 해도 붙잡고 싶지 않다.

수십 년을 투덕거리며 살아온
부부의 지혜

 누가 나에게 결혼생활에 대해 묻는다면 부부가 이렇게 싸움박질을 하고도 끝내 이혼하지 않고 사십 년 넘게 해로한 것을 자랑하고 싶다.

 술 좋아하고 예민하고 육 남매의 맏이로 그 옛날 장남이 누릴 수 있는 온갖 특권을 누리며 책이나 읽고 빈둥대는 한량 짓에 흠뻑 취했던 내 주제는 두말할 나위도 없거니와, 당차고 똑똑한 데다가 인천 여자 특유의 근성과 생활력을 물려받아 처녀 시절 별명이 '나폴레옹'이었던 아내의 성질머리가 만났으니, 신혼 초부터 다름에서 빚어지는 갈등은 예사롭지 않았다.

 그나마 어머니 생전에는 당신이 보시기에도 허구한 날

술에 떡이 되어 제 집도 못 찾고 월급을 탕진하는 큰아들이 민망하셨는지 늘 아내 편을 들어주신 덕분에 잠잠한 편이었지만, 본격적으로 독립하여 아이가 생기고 삶에 따르는 풍파를 함께 헤쳐 나가야 하는 시기에 이르자 서로 이해하고 격려하기보다는 네 탓이다, 네가 틀렸다는 질책과 책임 전가가 편리하게 느껴져 급기야는 격한 몸싸움도 자주 반복되었다.

인간이란 적응의 동물인지 그렇게 싸우다 보니 조용히 웃으며 넘어가는 날에는 불안해서 밤에 잠도 잘 오지 않았다. 집기가 날아다닐 정도로 거하게 한판 붙은 다음 날이면 뻐근했던 어깨도 긴장이 풀려 아침에 나란히 소파에 앉아 모닝커피를 즐기며 서로 미안하다고 사과하는 것이 일상이 되었다. 젊은 시절의 뜨거운 애정이 줄어든 만큼 가정이라는 전쟁터에서 함께 쌓아 올린 끈끈한 전우애가 그 자리를 대신하게 된 것이다.

수십 년을 그리 부대끼며 치열하게 부부관계를 유지해도 끝내 달라지지 않는 것이 있었으니, 천성이 드러나는 라이프 스타일이다. 쉽게 말해 우리는 삶을 바라보는 관점이 달랐다. 다를 수밖에 없는 것이 부모가 다르고, 살아온 환경이 다르고, 배운 전공이 다르고, 나이가 다르고, 성별이 다르다. 당연히 다를 수밖에 없는데도 한 집에서 두 눈 뜨고 목격하며 인정해주기란 쉬운 일이 아니다. 부부가 된다는 것은 내 삶의 반을 아내, 혹은 남편에게 빼앗긴다는 뜻이다. 부부는 '1+1=2'가 되는 공식이 아니라 '1+1=1'이 되는 공식이다. 내가 가진 0.5를 상대에게 내어주지 않고서는 유지될 수 없는 관계다.

아내는 천성이 화려한 사람이다. 늘 주변에 사람들이 끊이지 않는다. 활동량이 엄청나다. 반대로 나는 속내를 잘 드러내지 않고 누가 나에게 다가오는 것을 부담스럽게 여긴다. 나는 아내처럼 타인의 입장에 공감하여 감정을 주고받는 것이 불가능했고, 아내는 나처럼 조용히 사색에 잠겨 자신과 상관없는 문제의 해결책을 모색하는 시간을 이해하지 못했다.

아이가 있을 때는 돈 벌어 키우느라 정신이 없어 넘어갔던 서로의 인생관이 나이 들어 내가 집에 있게 되면서 심각한 상황들을 만들어내기 시작했다. 젊어서의 싸움은 술과 경제적인 문제, 다시 말해 외부적인 요인 때문에 벌어진 것이었다. 그런데 나이 들어 발생하는 갈등과 혐오는 인생을 바라보는 시각, 심각한 말로 각자의 본성에 대한 무지에서 비롯되었다. 이 문제는 영원히 해결될 수 없는 각자의 차별화된 개성이 충돌하여 발생하는 것이었다. 아무리 노력해도 나는 아내가 될 수 없고, 제아무리 이해해준들 아내는 나를 대신하지 못한다. 이것은 당연한 차이임에도 부부관계에서는, 특히 나이 든 부부에게는 넘지 못할 거대한 벽처럼 느껴질 때가 있다.

그렇게 십 년 가까이 타협점을 찾지 못한 채 한 공간에 있어도 나는 서재에 틀어박혀 나오지를 않았고, 아내는 반대로 교회다 뭐다 외부활동에 열을 올렸다. 아내는 내가 서재에 틀어박혀 무엇을 하는지 관심이 없었고, 나는 아내가 밖에서 누구를 만나고 무엇을 하는지 관심이 없었다.

서로의 활동에 무관심해졌다고 해서 상대의 애정까지 바라지 않았던 것은 아니었다. 인간은 기본적으로 마음의 유대를 원한다. 무관심은 서로에게 화가 나서 내뱉는 막말보다 더 큰 마음의 상처를 준다. 더는 나에게 화를 내지도 않는다는 실망감이 줄어든 대화만큼이나 생활을 빈궁하게 만들었다.

그러던 어느 날, 아내로부터 뜻밖의 제안을 받게 되었다. 시골 한적한 곳에 땅을 사두었는데 거기에 움막 같은 집을 짓고 마음 편히 글을 써보는 게 어떻겠냐는 이야기였다. 처음에는 내가 귀찮아져서 쫓아내려는 건가 싶어 움찔했다. 한데 듣고 보니 절로 고개가 끄덕여졌다. 당신과 나는 삶의 방향이 다르니 조금 떨어져 지내더라도 각자 에너지를 발산하고 싶은 곳에 마음껏 써보는 편이 낫지 않겠느냐는 아내의 말에 섭섭함도 잠시, 그래도 세상에서 나를 생각해주는 건 아내밖에 없구나 싶어 미안함과 고마움이 밀려왔다.

땅부터 집 장만까지 전부 아내 몫이었다. 대외적인 활동을 좋아하는 아내에게는 이 또한 재미난 도전이었다. 자기가 신경 써서 마련한 장소에서 내가 일할 것을 생각하니 늙은 아들 독립시켜주는 것 같다며 웃었다. 나도 아내의 노력이 헛되지 않도록 시내 집에 있던 그 많은 책과 짐을 시골 글막으로 옮기고 내 방을 아내에게 주었다. 응접실 겸 손님방으로 마음껏 활용해보라고 했더니 근사하게 꾸며놓고 사람들을 초대하느라 여념이 없다.

어떤 친구는 아내 손이 제일 필요한 나이에 그게 무슨

짓이냐며 타박했다. 사실상 별거가 아니냐며 걱정하는 시선도 있었다. 나의 대답은 별거가 아닌 '졸혼'이다.

졸혼이라는 말은 2004년에 일본에서 출간된 『졸혼을 권함卒婚のススメ』이라는 책에서 처음 나온 말이다. 삼십육 년간 결혼생활을 유지해온 육십 대 부부는 자식들이 독립해서 집을 나가자 각자의 삶을 찾아 졸혼을 선택했다. 남편은 시골에서 농사를 짓고 아내는 도시에서 패션디자이너로 일하며 따로 산다. 우리나라에서도 요즘 늘어나는 삶의 형태다. 여기에 굳이 졸혼이라는 말을 갖다 붙인 이유는 단순히 각자의 생활방식에 따라 다른 곳에서 지낸다는 것이 아닌, 결혼이라는 의무에서 벗어나 제2의 인생을 설계하겠다는 의지를 담아내기 위해서다. 결혼생활을 원만하게 유지하면서도 삶의 공간과 의미만 따로 분리해내는 합의된 별거다. 서로의 사생활에 개입하지 않되, 정서적인 부부관계를 유지하는 것이 핵심이다. 이런 점에서 별거나 이혼과는 엄연히 다르다. 이혼이 '1-1=0'이라면, 졸혼은 '1-1=1'이 되는 공식이다.

이제 아이들을 결혼시키고 퇴직하고 몇 년 지나 배우자의 품에서 숨을 거둬 결혼생활에 종지부가 찍히기를 무작정 기다릴 수 없는 시대가 되었다. 부부가 함께 지냄으로써 행복하다면 그보다 좋을 수 없겠지만, 세상에는 우리 부부처럼 타고난 천성과 인생관이 다른 경우도 많다. 그 차이를 좁혀보려 애를 쓰는 것도 분명 사랑일 테지만, 결혼이라는 형식 속에서 완수해야 할 모든 사명을 끝마친 후에도 좁혀지지 않는 서로의 보폭에 실망하며 고단하게 지내느니 각자의 인생이 좋은 방향으로 나아가도록 돕는 것 또한 수십 년 세월을 투덕거리며 살아온 부부이기에 가능한 사랑이라고 믿는다.

특히나 결혼생활에서 가정을 지키고 아이들을 키우느라 남편보다 더 많은 부분에서 자신의 삶을 희생할 수밖에 없었던 아내에게 그동안 수고했다는 의미로 졸혼을 선물하는 것은 최후의 애정이 아닌가 싶다.

원고를 다 쓰면 나는 아내에게 메일을 보내 제일 먼저 읽어볼 기회를 준다. 당신이 마련해준 좋은 곳에서 쓴 글이니 첫 번째 독자가 될 권리가 있다는 뜻에서다. 아내는 수시로 내려와 반찬을 해주고, 사람들과 함께 며칠씩 머물다 간다. 혹시라도 남편이 외로울까 걱정돼서다. 사십여 년 결혼생활 중 몸과 마음이 가장 행복한 지금을 위해 나는 힘닿는 데까지 아내를 경제적으로 지원해줄 작정이고, 아내는 머잖아 내가 병들면 이곳에 내려와 나의 말년을 보살펴주겠다고 한다. 그렇게 우리는 각자의 자리에서 부부로서 미래를 계획하며 노력 중이다.

5장

문이 닫히면
어딘가 창문은 열린다

오늘 실패했기에 내일
새로운 일을 찾을 수 있다

 재작년 여름, 몸에 탈이 나 열흘 가까이 병원에 입원했다가 퇴원한 적이 있다. 이십 년 전에 갈비뼈가 부러져 한 달 넘게 병원 신세를 진 것을 빼면 내 인생에서 제법 위험했던 순간 중 하나였다.

 병명은 패혈증이었다. 여름만 되면 컨디션이 나빠지는 습관이 있다. 그래서 7월 무더위가 시작되면서 몸이 나른하고 입맛이 떨어져도 그러려니 했는데, 뭘 잘못 먹었는지 심한 설사와 복통, 구토에 다리가 풀리고 정신이 혼미해져 급하게 119를 불러 응급실로 향했다. 그땐 이미 정신을 반쯤 잃은 상태여서 나중에 식구들에게 듣기로는 꽤 위험했다고 한다. 혈압이 떨어지고, 혈액검사 결과 염증수치가 고위험이었다. 장에서 시작된 염증이 전신으로 퍼지는 패혈증 쇼크가 나타난 것이다.

바로 입원이 결정되어 집중치료를 받았다. 고혈압약을 수십 년째 복용해온 내가 혈압을 잴 때마다 80~90에 머물렀으니 상태가 여간 심각한 게 아니었다. 게다가 나이도 많아 면역력이 약해져 그야말로 혈관에 약을 쏟아부었다. 평소 체중이 48킬로로 극심한 저체중이었는데 퇴원할 때 몸무게가 58킬로였다. 링거로 약물을 10킬로나 맞은 것이다.

사흘쯤 지나 정신이 돌아왔다. 그때쯤 되자, 같은 병실에 누워 있는 사람들이 눈에 들어오기 시작했다. 또 한 번 살아남았다는 안도감은 기시감처럼 이번에도 나를 흥분케 만들었다. 생사의 고비야말로 내가 중독된 진짜 약물이 아닐까 의심스러웠다.

내 옆자리는 이십대 초반으로 보이는 청년이었다. 축구하다가 발등이 부러져 입원한 친구였는데, 가족이 집으로 돌아간 밤사이에 내 소피도 받아주고, 창피한 얘기지만 장염 때문에 차고 있던 기저귀도 갈아주고, 물도 떠먹여주고, 말벗도 되어주고, 면도도 해준 고마운 친구였다.

덩치가 산만 해서 쥐꼬리만큼 나오는 병원밥으로 어찌

배를 채울까 싶었는데 병원밥은 안 먹고 시도 때도 없이 밖에 나가 햄버거를 사왔다. 그러고는 앉은 자리에서 대여섯 개를 게 눈 감추듯 집어삼켰다. 몸무게를 묻자 키 180센티에 105킬로라고 했다. 나로서는 도저히 상상도 할 수 없는, 내 삶의 약 두 배나 나가는 무거운 인생이라는 말을 듣고 깜짝 놀랐다.

요즘은 질 좋은 재료를 쓴 건강하고 맛좋은 수제 햄버거도 많다지만, 삶과 죽음이 교차하는 종합병원 인근에 그런 호의호식할 만한 가게가 있을 리는 없고 고작해야 롯데리아나 맥도널드 같은 프랜차이즈가 고작이었다. 몸에 좋을 것도 없는 정크푸드를 왜 그리 먹어대느냐고, 잔소리 같지만 내 나름으로는 그간의 고마운 마음을 담아 걱정 반 타박 반 꼬장을 부려댔다. 그러자 곰돌이 푸가 사람으로 환생하면 딱 저 모습이겠다 싶은 나의 곰돌이 친구는 지인들과 미국계 프랜차이즈 햄버거 매장을 준비 중인데 햄버거에 대해 아는 것이 없어 이것저것 먹어보고 있다며 배시시 웃는 것이었다. 햄버거만 먹어댔더니 몇 달 만에 몸무게가 10킬로 넘게 쪘다는 말에 나도 그만 웃음이 터졌다.

곰돌이 친구는 대학에서 건축학을 전공했다. 강원도 모

처의 대학교였는데 이른바 지잡대 취급을 당하는 곳이었다. 전공을 살려 좋은 회사에 입사하기란 하늘의 별 따기였다. 보다 못한 교수가 추천서를 써줘서 서울의 유명 건축설계사무소에 인턴으로 들어갔지만, 밤낮없이 시키는 대로 일해도 손에 들어오는 월급은 최저시급에도 못 미쳤다. 동안이라 어리게 봤는데 스물일곱 살이었다.

학벌이 무슨 상관이냐며, 요즘 같은 세상에 열정과 능력이 있으면 어디서든 불러준다고 짐짓 어른 흉내를 내보았다. 곰돌이 친구는 쓸쓸하게 웃으며 틈틈이 휴학해서 공장과 물류센터 알바로 학자금대출 없이 졸업한 게 어디냐며 자신은 불만도 후회도 없다고 했다. 다만 빨리 결혼해서 아이도 낳고, 그렇게 살려면 작은 평수라도 전세 구할 돈을 모아야 하는데 말처럼 쉬운 일이 아니라며 나보다 더 늙은 표정을 지어 보였다.

사건은 다음 날 터졌다. 처음엔 곰돌이 친구의 누나나 여동생인 줄 알았다. 푸근한 귀염상의 웬 아가씨가 병실에 들어섰다. 내 옆자리를 서성이다가 빈 침대를 가리키며 사라진 환자를 찾는다. 또 햄버거 사러 나갔을 거라고 누군가 말해주었다. 가족이냐고 묻자 아니라고 한다. 툭하면 얼굴이 빨개지는 부끄럼쟁이 곰돌이가 애인이 있었구나, 요 앙큼한 것. 심심하던 차에 잘됐다. 몇 날 며칠 놀림감으로 삼아야지, 웃음이 터지려는 걸 참고 있는데 귀여운 아가씨 표정이 어둡다. 수심이 가득한 것이 남자친구가 아파서 그러는가 싶었다.

여자친구와 저녁을 먹고 돌아오겠다던 곰돌이 친구는 이튿날 새벽 술에 취해 병실로 돌아왔다. 부스럭거리는 소리에 잠이 깨 돌아보니 술 냄새를 풀풀 풍기며 침대 끝에 걸터앉아 있다. 로비로 데리고 나가 자판기에서 시원한 음료수를 한 캔 뽑아주었다. 무슨 일이냐고 묻지는 않았다. 남자라면 누구나 한 번쯤 겪어봤을, 무슨 일이냐고 묻는 것이 잔인한 상황이다. 아직은 어리기만 한 스물일곱 청년은 인생에서 겪어야 할 수많은 이별 중 하나를 겪었을 뿐이다.

결혼을 생각했었다고 한다. 아가씨는 두 살 연상의 직장인이었다. 그녀의 부모님은 결혼을 서둘렀지만, 그 상대가 맘씨 좋은 곰돌이 친구는 아니었던 모양이다. 친척이 소개해준 남자와 선을 봤는데 생각보다 괜찮은 사람이라며 곰돌이 친구와 헤어지고 싶다는 마음을 전해왔다고 한다.

햄버거만 먹고 10킬로 넘게 찐 남자에게서 그녀는 자신의 미래를 찾고 싶지 않았을 수 있다. 그녀와의 미래를 꿈꾸며 몸무게 앞자리가 바뀔 때까지 햄버거를 먹어댈 동안 그녀는 보다 안정적이고 의지할 수 있는 사람을 만나게 됐을 뿐이다. 곰돌이 친구는 인정할 수 없다고 했지만, 사랑은 누가 누구를 인정하는 논리가 아니다. 그녀 입장에서는 불안한 사랑보다 안정된 현실을 준비한 새로운 사람에게 매력을 느낄 수밖에 없었을 것이다.

사랑의 아픔은 중독성이 있어서 그 아픔을 중간에 포기할 수가 없다. 그는 산산조각이 날 줄 알면서도 다음 날 여자친구가 혼자 자취하고 있는 오피스텔을 찾아갔다. 무릎을 꿇고 돌아와 달라고 빌었다. 그녀는 경찰을 불렀다.

지구대에서 훈방조치를 받고 돌아온 곰돌이 친구를 위해 나는 햄버거를 준비했다. 병원매점에서 파는 싸구려 햄버거였다. 전자레인지로 데웠지만 패티는 금방 차갑게 식었고, 양상추는 물에 불린 것처럼 흐물흐물했다. 케첩과 마요네즈가 뒤섞여 이 맛도 저 맛도 아니었다. 곰돌이 친구는 충혈된 눈으로 햄버거를 바라봤다.

나는 그에게 이 햄버거 맛을 잊지 말아달라고 부탁했다.

삶에는 때가 있어 우리가 원하는 일이 원하는 시간에 이루어지지 않을 때도 있다. 그렇다고 좌절할 필요는 없다. 그것은 실패가 아니기 때문이다. 성공과 실패는 시기와 관점의 차이다. 사랑도 마찬가지다. 어제 실패했기에 오늘 그 사람을 만날 수 있었다. 오늘 그 일에 실패했기에 내일 새로운 일을 찾게 되는 수도 있다. 이면에 남는 것은 사랑하는 사람도, 좋아하는 일도 아닌, 실패했음에도 살아가는 내가 있다는 깨달음뿐이다. 살아 있다면 우리는 만나게 되고, 찾게 되고, 얻게 된다.

　나는 곰돌이 친구에게 넓게 봐줄 것을 당부했다. 장염에서 출발한 작은 세균들이 사람의 몸을 훑어 쓰러뜨리듯 우리네 인생은 보기보다 연약해서 아주 미세한 금만 가도 어느 순간 산산이 부서져버린다. 앞만 보며 걸어가다간 그 상처가 언제부터 시작되었는지를 알 수 없게 된다. 처음 금이 간 곳이 어딘지도 추적하지 못한다. 장염에서 시작된 패혈증이 뇌염이라는 치명상으로 전이되듯, 배탈이 심장마비를 일으키듯, 인생에서도 작은 상처를 감내하지 못해 인생 전체를 포기하는 경우가 다반사다.

　곰돌이 친구는 퇴원 후 프랜차이즈 햄버거 가게 부점장

이 되었다. 새로 오픈했다는 연락을 받고 일부러 찾아가서 입에 맞지도 않는 햄버거 한 개를 다 먹고 나왔다. 빵은 부드럽고 소고기패티는 따뜻한 육즙이 가득했다. 야채와 소스가 잘 버무려져 느끼하지 않았다.

다행히도 그는 상처를 잘 꿰맨 것처럼 보였다. 거창한 첫발은 아니지만 엇비슷한 출발임에는 틀림없다. 게다가 그에겐 상처에서 회복된 면역력이 있었다. 인공적인 주사바늘에 찔려 구걸한 약발이 아니라 스스로 판단하고 선택해서 얻어낸 평생의 치료제다. 삼천 원짜리 햄버거가 삼만 원짜리 스테이크보다 더 맛있었던 이유일 것이다.

그렇게 가끔 안부를 묻고 매장 근처를 지나는 길에는 들러서 잠시 환담도 나누고는 했는데, 어느 날부터 곰돌이 친구가 매장에서 보이지 않았다. 갑자기 그만두었다는 말을 듣고 황급히 전화를 걸었는데 받지 않았다. 문자를 보내도 답장이 돌아오지 않았다. 불길한 생각도 들고, 서운하기도 하고, 안타깝기도 하고, 나중에는 배신감 비슷한 기분도 들었다. 그 후로 몇 달 동안 머릿속에서 그 친구 생각이 떠나지 않았다. 또 무슨 일이 생긴 걸까? 증발하듯 자취를 감춘 젊은이가 걱정되어 나까지 괜히 아픈 것 같았다.

그러던 어느 날, 근 반 년 만에 곰돌이 친구에게서 전화가 왔다. 모르는 번호로 전화가 왔는데 보이스피싱이겠거니 하고 안 받으려다가 어쩐지 뒤통수가 따끔해 통화버튼을 눌렀다. 그였다. 그간 잘 지내셨느냐는 말 끝에 병원에 입원 중이라는 근황을 전해 듣고 나는 떨리는 목소리로 어디가 아프냐고 물었다. 반 년 전, 그러니까 곰돌이 친구가 갑작스레 햄버거 매장에서 자취를 감추고 내 연락도 받지 않고 문자에 답장도 하지 않던 그즈음, 그는 급성백혈병 진단을 받고 우리가 함께 지냈던 종합병원 무균실에서 항암치료를 받고 있었다고 했다.

항암치료를 끝내고 암병동에서 투병 중인데 이제 면회가 가능하다며, 나 같은 늙은이가 뭐라고, 우리가 얼마나 깊은 인연이라고, 그저 살아 있을 때 내 얼굴 한 번 보고 싶어 연락드렸다며 울먹이는 목소리에 나는 감전된 토끼처럼 뛰쳐나갔다.

곰돌이 친구는 얼굴이 반쪽이 되어 있었다. 몸에서는 쉰 미역국 냄새가 났다. 항암제 부작용이라고 했다. 그래도 이제는 머리를 기를 수 있다며 배시시 웃었다. 온몸에 반

창고가 붙어 있었다. 채혈한 자국이라고 했다. 육신의 모든 혈관에서 피를 뽑아갔는데 나중엔 남아 있는 혈관이 없어 발바닥에서도 피를 뽑아가더라며 웃었다. 울고 있는 나를 달래며, 곰돌이 친구는 백혈병에 걸려 꼭 나빴던 것만은 아니라고 말해주었다. 그게 무슨 소리냐고 묻자, 어릴 적 동네친구가 보험판매원인데 그 녀석이 하도 사정해서 억지로 들어놨던 암보험 덕에 보상금을 받아 만기가 임박한 전세대출금을 갚았다며 투병을 자랑했다. 자기가 살면서 만져본 목돈 중에 가장 큰돈이었다며 환하게 웃었다.

그는 정말 환하게 웃었다. 일하다가도 죽는 사람이 한 해에 수백 명인데 자기는 그들에 비하면 로또 맞은 거나 다름없다며, 살아 있음을 감사히 여긴다고 했다. 자기는 정말 운이 좋았다고, 살아남아서가 아니라 생명을 담보로 돈이라도 벌 수 있는 게 행운이었다고 기뻐했다. 걱정하는 나를 위로한답시고 꺼낸 말이겠지만, 지금 같아서는 백혈병에 안 걸렸으면 어쩔 뻔했나 싶다는 농담에, 나는 슬픔이 벅차올라 엉엉 울어버렸다. 우리의 대화를 엿듣던 병실의 다른 사람들도 소리 내어 눈물을 터뜨렸다. 결국 곰돌이 친구도 서럽게 흐느꼈다.

그에게 주어진 시간은 우선은 오 년. 완치판정을 받고 퇴원해도 오 년 생존률은 고작해야 오십 퍼센트 남짓. 오 년 안에 재발한다면 곰돌이 친구에겐 암보험금도, 항암치료도 소용이 없을 것이다.

바라기는 부디 그가 나보다 오래 살아주기를. 곰돌이 친구가 나의 장례식에 와주기를. 부의금은 안 받을 거니까 내가 정말 싫어하는 햄버거 하나만 들고 와서, 나는 육개장도 안 끓여놓을 거니까 출출해지면 가져온 햄버거를 맛나게 먹어주기를. 내가 사준 햄버거 맛을 기억해주기를.

반대의 경우라면, 나는 견딜 자신이 없다.

나는 너무 많은 불안에 시달렸다

파란색은 슬프고 차갑지만 시원하고 맑은 기운이 있다. 붉은색은 뜨겁고 열정적인 반면에 그 뜨거움이 독선으로 변질될 때가 있다. 검정색은 어둡고 이기적일 때도 있지만 위기의 순간에 흔들리지 않고 자신의 길을 꿋꿋이 지켜내는 냉철함이 있다.

모든 색에는 상반된 성격이 공존한다. 무개성의 표본처럼 음침한 회색도 흰색과 검은색 두 세계의 공존으로 해석되듯이, 색이란 맞고 틀리고의 영역이 아니다. 좋고 싫음의 문제일 뿐.

사람도 색이 있다. 이 또한 맞고 틀리고의 문제는 아니지만 본인의 고유한 색을 정확히 알아내는 것은 중요하다.

나의 색이 가장 잘 어울리는 곳에 머물 때, 내 색과 잘 어울리는 사람들 곁에 있을 때 가장 나답게 반짝일 수 있기 때문이다. 따라서 반대의 상황도 조심해야 한다. 나를 칠할 수 없는 곳, '나'라는 색을 받아들이지 못하는 사람들 속으로 들어간다면 부정적인 상호작용으로 그들은 나를 지우기 위해 다른 색깔을 덧칠해버릴 것이다. 그래도 버틴다면 차라리 지워버리는 방식을 택할 수도 있다. 날카로운 끌이나 긁개로 나를 벗겨버리는 것이다.

  자신과 비슷한 색으로 삶을 칠해나가야 한다. 동색은 아니어도 좋다. 적어도 내 색과 조화를 이루는 채색을 추구해야 한다. 시시때때로 변하는 유행하는 색, 남들과 비슷한 무난한 색, 누군가를 빛내는 바탕색은 싫다. 내 안의 파란색이 산뜻한 기운을 잃지 않았으면 좋겠다. 냉소적이기만 한 파란색은 싫다. 내 안의 붉은빛이 정열을 잃고 아집으로 변질되지 않게 조심한다. 사랑하는 이들이 나의 붉은빛을 보고 핏빛을 떠올리지 않게.

  나는 조화와 안정을 원했다. 보이지 않게 성장하는 신록처럼 평화로운 삶. 도드라지지 않는 특별한 순간들이 찾아와주기를 고대했다. 색으로 비유하자면 초록이었을 것이다. 하지만 나의 바람과 달리 내 지나간 인생은 코발트 블루에 가깝다. 멀리서 보면 깊은 녹색으로 보이지만 가까이서 자세히 보면 짙은 파랑이다. 차갑게 변질된 순간들이 있었고, 그날의 색들은 지워지지 않는다. 원치 않는 색으로 덧칠되어야만 했다.

타인의 눈동자에 비치는 내 모습을 진짜 자기모습으로 여길 때가 많다. 타인의 시선이라는 굴절된 눈빛 속에 나를 가두는 것이다. 그러는 동안 나의 진짜 모습과는 점점 더 멀어진다. 사람들 시선에서 자유롭지 못함에 괴로워하면서도 그들이 기대하는, 그들이 정해놓은 기준에 적합한 나를 만들어내는 데 급급하다. 그러다 문득 혼자만의 시간이 찾아오면 말할 수 없는 공허가 밀려온다. 그들이 나를 대신해 살아주는 것도 아닌데, 왜 나는 그들을 위해 살아가는가. 하루를 마무리하고 자리에 누우면 길었던 하루 중 과연 내 것이라 말할 수 있는 시간이 얼마나 되는지를 헤아려본다. 무엇을 위해 반복되는 삶인지도 모르겠고, 인생이라는 시간의 주인이 누구인지도 모르겠다. 이 길을 걸어가는 사람은 나인데 내가 보이지 않는다.

내가 보낸 시간들에서도, 미래의 시간 속에서도 나는 특별한 위치나 역할이 없었다. 길은 점점 더 길어지고, 목적지는 점점 더 멀어졌다. 막연히 모든 일이 불안했다. 늘 불안에 떨기만 하는 내 모습이 불만이었다. 인생을 볼모로 나는 참 무모하게 살았구나, 자책이 스민다. 인생은 진짜 알쏭달쏭한 수수께끼다. 내가 원하는 대로 살아보려니 불안하고, 남들처럼 살자니 불만이다.

불안과 불만.

인생은 ㅂ과 ㅂ 사이를 떠도는 완만한 굴절이다. 숨 쉬는 것도 나, 걸어가는 것도 나인데, 내 마음대로 숨 쉴 자유도 없는 것처럼 답답할 때가 있는가 하면, 미치도록 누가 나의 숨소리라도 들어주기를 고대하는 날도 있다. 거울에 비치는 내 얼굴이 낯설어 당황스럽다가도, 어느 날은 나 자신이 너무 좋아 이렇게 태어난 것이 기적처럼 느껴진다.

'불안'과 '불만'과 '변덕'.

인생은 ㅂ과 ㅂ과 ㅂ 사이를 오가는 여행이다.

탈무드에서 읽은 이야기다. 그 옛날에도 나 같은 사람이 있었구나 싶어 슬그머니 웃음이 나왔던 이야기다.

어느 마을에 잘생긴 청년이 살았다. 마을에서 그의 별명은 '바보'였다. 청년은 이웃들이 자기를 어째서 바보라고 부르는지 이해가 안 됐다. 그래서 하루는 마을에서 가장 똑똑하다는 노인을 찾아갔다.

"어르신, 저도 제가 어리석다는 것쯤은 알고 있습니다. 하지만 바보 소리를 들을 만큼 멍청하지는 않습니다. 그런데 사람들은 왜 저를 바보라고 부를까요?"

노인이 웃으며 대답했다.

"세상에 자신의 어리석음을 인정하는 바보는 없네. 자네는 바보가 아냐. 오히려 똑똑한 사람일세."

노인의 대답을 듣고 청년은 깜짝 놀랐다. 그러고는 이해가 안 된다는 얼굴로 머리를 긁적이며 재차 물었다.

"어르신 말씀처럼 제가 똑똑하다면 사람들이 왜 저를 바보라고 부를까요?"

노인은 이제야 알겠다는 표정으로 대답했다.

"자네 말이 맞아. 자넨 바보야. 남의 말만 듣고 자신이 바보인가를 의심했다면 자네는 바보가 맞아."

청년은 진짜 바보였을까? 내가 보기엔 그렇지 않다. 청년은 자신을 바보라고 부르는 마을 사람들 평가에 시달린 나머지 자기가 진짜 바보일까봐 걱정했을 뿐이다. 청년의 고민과 걱정은 현재의 내 모습이기도 하다. 나는 여전히 사람들의 평가에 시달린다. 세상 눈치를 본다. 이 나이에 고작 여기밖에 못 왔다는 자괴감이 눈만 뜨면 자라나는 악성종양처럼 거대해진다. 그 나이 먹고도 이것밖에 모르냐는 평가가 두려워 나는 바보가 아닌 척, 때론 바보인 척, 겁쟁이인 척, 겁쟁이가 아닌 척, 그때그때 역할을 바꿔가며 파란색이 되었다가 초록색이 되었다가, 마치 카멜레온처럼 나의 색을 바꾸는 기술만 늘렸다. 바보청년처럼 나 역시 알게 모르게 긴 세월 타인의 색으로 살아온 것이다. 사람들이 불러주는 대로 나를 변화시킨 이유는 나보다 남들 눈이 더 정확할 거라고 믿었기 때문이다. 이유는 그게 편하니까.

  남은 시간이 많진 않지만, 앞으로는 불편하게 살아야겠다. 나 자신한테 불편해져야겠다. 집안을 굴러다니는 쓸모없는 천조각도 매일매일 다듬고 정리해두면 나중에 이불보나 테이블보를 만들 수 있을 만큼 충분한 양이 모인다. 앞으로 나는 귀찮은 무명천이다. 나의 하루는 무명조각이다. 실이 천이 되고, 천이 옷감이 되고, 옷감이 옷 한 벌로 만들어지듯, 나는 나를 버리지 않겠다. 옷이 되지 못해도 옷감은 될 수 있고, 옷감이 되지 못하면 도로 천이 될 뿐이고, 천도 되지 못한다면 나는 또 원래대로 그저 버려진 실에 불과할 뿐이다.

뭔가가 되어야 한다는 두려움에 너무 많은 불안에 시달렸다. 지금 이 모습은 나답지 않다는 생각에 불안했다. 내가 어떤 사람인지 나조차도 모르면서 자꾸만 나답지 않다는 생각을 했다. 나다움을 정한 건 내가 아니라 세상이었는데, 그걸 인정할 수 없어 좋은 날에도, 충분히 행복한 날에도 마음 한구석에 불만이 떨쳐지지 않았다.

나는 지나온 삶에 두 가지를 후회한다. 꿈을 포기하지 않은 것과 꿈을 포기한 것. 꿈을 포기해봤고 포기하지도 않아봤다. 결과는 둘 다 후회막급이다. 이러니저러니 해도 누군가는 나를 바보라며 손가락질한다. 초록과 파랑은 동색이 아니지만 코발트블루는 언뜻 보기에 초록도 되고 파랑도 된다. 어떤 삶을 살든 후회하게 될 것이다. 어떤 길을 걷든 불안할 것이다. 어떤 사람이 되어도 나 자신에게 불만이 쌓여간다. 살면서 저지른 제일 큰 실수는 후회를 떨쳐내려 했다는 것, 후회를 실패로 착각했다는 것이다. 무엇이 옳고 그른지는 내가 정한다. 인생은 누구에게 배울 수 있는 것이 아니다. 오직 자기 자신으로부터 발생하는 것이다.

  후회로 흐르는 눈물은 우물이다. 나를 위한 우물이다. 목이 마를 때, 나는 그 우물에서 가장 시원하고 달콤한 물 한 모금을 달게 마실 것이다. 삶은 오늘도 내게 말을 걸어온다.

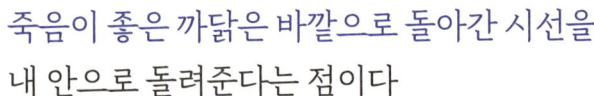
죽음이 좋은 까닭은 바깥으로 돌아간 시선을 내 안으로 돌려준다는 점이다

 도착점을 결정하는 요소는 방향과 속도다. 속도만큼이나 방향이 중요하다. 남들과 같은 시간, 혹은 더 짧은 시간 내에 도착하는 것이 성공의 기준이라면 나는 처절하게 실패한 케이스다.

 철들 무렵부터 소설가라는 직업을 소망했다. 서른 전에 등단하고 이 년 안에 장편소설을 출간할 정도는 돼야 한다고 생각했다. 시점을 정해버리자 습관처럼 바깥 상황에 휘둘리게 되었다. 저 사람은 몇 살에 소설가가 됐네, 저 사람은 대학도 안 나왔는데 등단을 했어 등. 어느 순간부터 나는 누군가의 나이를, 그들의 속도를 측정하기 바빴다. 그들이 도착한 시간대를 적어두고 나와 비교하기 시작했다.

인생이 경주가 되었다. 그들과 동일한 여건에서 시합해야 한다는 강박에 시달렸다. 주어진 환경은 각자 다를 수밖에 없는데 내 눈에는 그들의 경기장이 잘 포장된 트랙처럼 보였다. 나도 저 트랙 위로 올라가야 한다는 압박감에 마음이 병들어가는 줄도 몰랐다. 방향을 잃고 속도에 집착한 대가였다.

가엾게도 나는 더 늦으면 기회가 없을지도 모른다는 두려움 속에서 헤맸다. 내가 늦어지는 사이에 누군가 내 자리를 차지할 것만 같아 질투했다. 노력하고 서둘러도 도착점이 보이지 않았다. 기를 쓰고 발버둥 쳐도 늘 그 자리를 벗어나지 못하고 있다는 막연함이 나를 자격지심에 빠져들게 했다. 그러다 문득 이 길이 아니었을지도 모른다는 의심이 생겼고, 그러자 모든 것이 무너지기 시작했다. 지나간 시간들이, 과거의 내가 후회스러웠다. 소중한 시간을 강탈당한 기분이었다. 가망 없는 꿈에 낭비한 세월이 야속했다. 차라리 그때 결과가 뻔히 보이는, 마음에는 안 차도 안정적인 결과와 짧은 거리로 도착할 수 있는 목표를 설정했다면 지금 이렇게 괴로워할 일은 없을 텐데, 잘못된 방향과 거기에 바친 속도가 억울했다.

이제 와서 돌아보면 억울할 일도 아니고 그렇게 상처받을 일도 아니었는데 나는 심하게 상처받았고 모질도록 아파했다. 나는 인생을 낙오와 성공이라는 이분법으로 정리했다. 제때 도착하지 못하면 실패라고 생각했다. 늦게 도착해도 된다는 여유는 조금도 없었다. 늦어진 만큼 더 많은 풍경을 감상할 수 있다는 또 다른 성공은 아예 고려하지 않았다. 여기 말고 다른 곳은 없는지 차근차근 둘러보는 넓은 시야도 외면했다. 내 멋대로 시간을 정해놓고 그 시간에 도착하지 못했다는 이유만으로 나의 청춘에 실패의 낙인을 찍어버렸다. 반대의 경우도 있었다. 결과적으로 전혀 만족스럽지 않았음에도 단지 제때 도착했다는 이유만으로 나는 성공했다는 자기기만에 흡족해했다. 도착 후 느껴지는 불만족과 슬픔을 배부른 소리로 치부했다.

하지만 나는 하나도 행복하지 않았다. 앞으로도 행복할 것 같지 않았다. 하지만 제시간에 도착했으니 나는 행복해야 한다고 생각했다. 지금 순간이 행복하지 않은 건 내가 잘못되었기 때문이라고 자책했다. 이런 내 마음을 들킬까 무서웠다. 행복하지 않은데 꽤 행복한 척 겉면을 포장했다. 속으로는 내가 잘못됐나 보다, 나는 좋은 사람이 아닌가 보다, 자학하면서.

속도는 상대성이다. 나의 속도를 결정하는 기준은 체감이 아니라 내 옆을 지나는 타인의 속도다. 그들이 나보다 빠르면 나는 느린 것이 되고, 그들이 나보다 느리다면 나는 빠른 편이 된다. 엇비슷하게 걷고 있다면 안심이다. 그들이 도착할 때쯤 대충 나도 도착한다는 계산이 마음을 안정시킨다.

너를 통해 계산되는 삶은 편하다. 너를 보며 나를 만들면 되는 간편함이 있다. 세상에 가득한 너를 기준으로 나를 판단하고, 너에게 있는 것들이 나한테도 있어야겠다고 생각하면 간단해진다. 그렇게 목표가 정해진다. 실망과 만족을 가늠하는 잣대도 그렇게 만들어낸다.

당신이 그걸 가졌으니 나도 그게 필요하다. 그게 당신한테 있다면 나도 그걸 가지는 것이 공평하다. 그래야만 당신 눈에 내가 부족한 사람으로 보이지 않을 것이다. 나만 그게 없다면 당신들은 날 무시할 거다. 당신들과 견줘봤을 때 내가 꼭 실패한 인생처럼 보일 것이다.

주문처럼 외우며 살아왔다. 지금은 억울해 미치겠다. 실수였음을 깨달았을 땐 너무 늦어버렸다는 새로운 절망이 밀려왔다. 노력해서 상처받은 기분이었다. 왜 몰랐을까, 곰곰이 반성해봤지만 마음은 이미 오래 전부터 알고 있었다는 결론에 도달했다. 그래서 열심히 노력하면 노력할수록 소중한 것들이 사라져가고 있다는 상실감에 시달렸던 것 같다.

잘하고 있어, 그렇게만 해줘, 조금만 더 참아……. 친구들과 가족들이 건네는 위로에도 마음 한구석이 차갑게 식어버려 미안했는데 아마도 그래서였을 것이다. 나는 뭔가를 잃어가고 있는데, 그 뭔가가 바로 나인데, 나를 사랑한다는 사람들이 이런 나를 보며 잘하고 있다니, 그렇게만 해달라니, 조금만 더 참아달라니.

움켜쥐면 움켜쥘수록 움켜쥔 것보다 더 많은 것들이 손가락 사이로 빠져나가는 불쾌한 느낌은 두 번 다시 겪고 싶지 않다. 무사히 도착했음에 안도하는 순간 더 높은 곳을, 더 먼 곳을 지목하는 손가락들. 손가락의 가리킴을 회피하지 못하는 나의 작음. 가질 수 있었던 것들에 감사했던 짧은 만족을 부끄럽게 만드는 세상의 넓이. 난 충분한데, 넌 아직 충분하지 않다고 말하는 눈빛들. 나보다 하나라도 더 가진 이들 옆에서 괜스레 주눅이 들어야만 할 것 같은 강요의 제스처.

주름지면 안 될 것 같은 얼굴. 나이가 들수록 사람들이 날 미워할 거라는 확신. 아니 미움받을 수밖에 없는 사람이 될 거라는 확신. 사랑받지 못하는 이유가 얼굴에 생긴 주름 때문은 아닌데, 주름질 때까지 찡그린 표정 때문인데, 다 알면서도 나는 또 변명거리를 입에 담는다.

그럼에도 나는 또 다른 방향을 설정하고 마지막일지도 모르는 속력을 쥐어짰다. 이제는 그만 내려놓을 줄도 알아야 한다는 충고에 귀를 닫는다. 아직도 가야 할 길이 남았느냐고 묻는다면 내일 끝나버릴지도 모르는 세상에서 오늘 하루가 마지막일지도 모른다는 공포에 사로잡혀 눈을 뜨는 심정이 어떨 것 같냐고 되묻겠다.

나는 어리석은 사람이었다. 필요하지 않은 것들까지 가져보라는 부추김에 넘어가기 일쑤였다. 하지만 이젠 가진 자들이 부럽지 않다. 죽음이 좋은 까닭은 바깥으로 돌아간 시선을 내 안으로 돌려준다는 점이다. 이럴 줄 알았으면 젊어서부터 죽음을 떠올리며 살아갈 것을 그랬다.

기쁨은 멀리 있지 않다. 슬프지만 않아도 기쁨이다. 마음이 아프지 않다면 그게 즐거움이다. 인생에 중간은 없다. 중간이라고 선을 그어버리는 교만한 내가 있을 뿐. 만족과 행복은 내가 기준이다.

나는 요즘 수중에 돈이 많지 않지만 즐겁다. 즐거운 일은 하나도 안 생겼지만 즐겁다. 오늘은 어제보다 덜 아팠고, 다행히 별 탈 없이 견딜 수 있었고, 비록 남들이 인정해주는 멋지고 잘난 사람은 아니지만 오늘 하루 나를 만난 모든 이들에게 상처가 될 말을 하지 않았다.

내가 갈 수 있을 만큼 걸었고, 지치지 않을 만큼 상대했다. 지칠 때까지 들어주지도 않았다. 오늘 하루는 넘치지도 부족하지도 벅차지도 않았다. 그럼 된 거다. 나는 꽤 올바른 방향으로 꽤 정확한 속도로 잘 가고 있다. 걱정하는 만큼, 난 느리지 않다.

호상에도 자격이 있다면

 인정하고 싶지 않은 진실은 내 인생을 움직인 동사가 타동사였다는 점이다. 타동사는 주어를 위한 움직임이 아니다. 오로지 목적어만이 타동사를 성립시킨다. 평생토록 입에 달고 산 '나는 돈을 번다'라는 문장만 해도 그렇다.

 당연한 얘기다. 나는 돈을 번다. 돈을 벌어야만 한다. 그런데 이 '벌다'라는 동사는 타동사다. '벌다'라는 움직임으로 수식되는 행위의 목적이 돈이기 때문이다. 문장의 주어인 '나'는 '버는' 행위를 통해서는 구현될 수 없다. 번다는 행위로 얻어지는 건 오직 돈뿐이다. 어디 가서 '나'를 벌어 올 수는 없다. 행위의 목적이 되는 대상이 행위의 주체인 '나'를 밀어내는 것, 그게 바로 타동사의 정체성이다. 타동사로 점철된 삶이란 목적이 독점해버린 삶이다.

나는 항상 무엇인가를 하고 있었다. 그것도 열심히 하고 있었다. 하고 있었다는 말을 살고 있었다는 말로 바꿔도 좋을 것이다. 그러니까 나는 항상 열심히 살고 있었다. 그럼에도 문득문득 나의 삶에 실망과 결핍을 덧입혔던 까닭은 산다는 행위를 통해 구현된 현상이 '나'라는 주어가 아닌 나 이외의 '목적'이었음을 깨달았기 때문은 아니었을까, 새삼 느껴지는 것이다.

하루하루가 정말 바쁘다. 건강을 위해 산도 타고 피트니스센터에서 덤벨도 깔짝깔짝 들어본다. 휴일에는 집 근처 도서관까지 걸어가서 새로 나온 책을 빌려보기도 한다. 이 모든 행위의 이유가 나를 위해서라고 생각했다. 보다 지적이고 보다 건강하고 늙어서도 감각이 깨어 있는 사람처럼 보이고 싶어 귀찮고 힘들어도, 누구 보는 사람이 없어도 자기만족이라 자부하며 바쁘게 움직였다. 아름다움과 건강함과 지혜로움이라는 목적을 위해 무리하게 운동하고 가슴에 와닿지도 않는 책을 남들도 다 읽었다는 다급함에 쫓겨 붙들었다.

행위가 타동사에 지배당할 때 나의 무게 대신 덤벨 무게에 짓눌리고, 나의 감정을 누군가의 문장으로 대체한다. 근육을 늘리기 위해, 나도 그 책 읽어봤다고, 나도 거기 가봤다고 말하기 위해 움직인다. 행위에서 내가 사라지고, 내가 사라진 크기만큼 목적들이 나를 대신해버리는 것이다.

 목적은 나를 분열시킨다. 각각의 목적을 쫓기 위해 우리는 스스로를 분열시킨다. 분열은 다양한 개성과는 다르다. 목적을 이루기 위해서는 그 목적에 맞는 나의 개성 중 일부만 수용해야 한다. 목적에 맞지 않는 나의 개성은 배척되거나 사장된다. 실제 크기보다 나를 축소시켜야 한다는 뜻이다. 크기를 줄이고 개수를 늘린다. 하나의 큰 목소리보다 작은 소리로 더 짧게, 여러 번 다양한 목소리를 낼 줄 알아야 한다고 요구받는 것이다. 나는 한 명인데 세상은 너무나 많은 나를 요구한다. 하나뿐인 나로는 부족하다며 더 많은 나를 보여달라고 다그친다. 나를 더 많이 만들어야 그나마 쓸모가 있을 거라고 압박한다.

 인생은 식물을 키우는 일과 비슷하다. 태양과 빗물이 넘친다고 모든 식물이 잘 자라는 건 아니다. 사람들이 말하는 좋은 환경이 나와는 안 맞을 수도 있다. 좋은 거름도 과하거나 모종 특성에 맞지 않으면 성장에 도움이 되지 않는 방해물에 불과하다.

  현실을 따르라는 충고처럼 비겁한 말은 없다. 이 넓은 세상에서 내가 밟고 서 있는 면적은 딱 두 걸음이다. 두 걸음만이라도 나랑 맞는 곳을, 내가 서 있고 싶은 곳을 찾겠다는 본능을 이기심이라느니 세상물정 모르는 철딱서니 없는 발상이라고 비난해서는 안 된다. 그 두 걸음이야말로, 두 번의 행위야말로 지금 당장 내가 마주할 수 있는 세상의 전부이기 때문이다. 그곳이 너무 좁게 느껴지지만 나 역시 작은 사람이니까 그 정도 넓이라고 해서 부끄러워하거나 실망할 필요는 없다. 그 좁은 땅에서도 열매는 자랄 테니까. 만약 그런 장소를 찾아내지 못한다면 인생은 목적에 잡아먹히게 된다. 목적이 이루어질수록 마음 한구석이 허전하다. 그렇게 했는데도 실패한다면 그 상처의 깊이는 심해보다 어둡고 깊다.

  이것은 관념에 관한 이야기이기도 하다. 내게 필요한 두 걸음은 넓이에 관한 것만이 아니다. 세상을 지배하는 드넓은 관념들 속에서 나를 지탱해주고, 끝까지 나를 지켜줄 가치관을 만들어야 한다. 나만의 작은 생각 속에 뿌리를 내려야 한다. 뿌리 없이 맺어지는 열매는 없다. 보이지 않는 곳에서 나를 지켜줄 생각과 관념이 필요하다. 그곳이 나만의 공간이 되어준다. 그 공간에 숨어 세상이 뿜어대는 가뭄과 태풍을 견뎌야 한다.

내 안에도 그런 공간이 있다. 가뭄과 태풍이 몰아칠 때마다 나는 생각한다. 세상은 단지 궁금할 뿐이라고, 얼마나 더 괴롭혀야 이 인간이 포기하고 물러날지가 궁금한 것뿐이라고. 그래서 나는 대답한다. 아무리 해도 안 된다는 걸 눈으로 확인하기 전까지는, 내 마음이 승낙하기 전까지는 이번에도 견뎌볼 작정이라고.

질경이라는 잡초가 있다. 식물의 품종에 비유한다면 난 질경이 같은 사람이다. 가진 거라고는 징그럽게 끈질기다는 미련함뿐이다. 나라는 인간을 하나의 동사로 표현한다면 '버틴다'는 것. 나를 우습게 아는 세상에게 해줄 수 있는 대답은 이 말밖에는 떠오르지 않는다. 나는 버틸 것이다. 이번에도 버틸 것이다. 네가 나를 못 견뎌 할 때까지.

가뜩이나 잘하는 것도 없는데 참는 거라도 잘해야 한다는 자조는 덤이다. 세상은 이런 나를 두고 말한다. 거친 파도가 되어 너를 침몰시키겠다고. 그럼 나도 지지 않고 대답한다. 파도가 몰아친다면 노를 몇 번 젓지 않고도 쉽게 도착할 수 있겠네, 망망대해라 막막했는데 차라리 잘됐네.

뒤에서 파도를 맞으면 앞으로 나아가는 힘이 되고, 앞에서 맞으면 뒤로 밀려나는 후퇴의 원인이 된다. 후퇴하기 싫다면 방향을 바꾸면 된다. 파도가 치는 방향을 뒤로 돌리면 된다. 어차피 목적은 바다를 건너는 거니까, 그게 동쪽이든 서쪽이든 일단 해안에 도착하고 나서 후회해도 늦지 않다. 도중에 드는 생각은 후회가 아니라 핑계, 피로, 피곤의 증상이다. 부정적인 생각이 죄다 후회는 아니다. 진짜 후회는 어디든 도착해본 자들의 몫이다.

짧은 길이 보인다면 굳이 먼 길로 빙 돌아갈 필요가 없다. 항상 최선을 다해야 한다고 자신을 옭아맬 필요도 없다. 그냥 하고 싶은 대로 움직여도 절박하게 준비한 움직임보다 조금 늦고, 조금 덜 피로할 뿐이다. 지금 당장 마음 내키는 그것을 향해 온몸을 던지는 것, 무모하지만 얼마나 재미난가. 직접 가보고, 직접 만져보고, 직접 해보고, 직접 당해보면 알게 된다. 시도는 시작이 어려울 뿐, 사소한 상황에 집착한 어리석음에 곧 후회가 밀려들 것이다. 눈으로는 달콤함을 맛볼 수 없다. 한입 먹어보기 전엔 아무도 그 맛을 모른다.

앞으로 내가 맛볼 수 있는 열매는 죽음뿐이다. 지금도 멀지 않은 곳에서 죽음의 숨소리가 들린다. 이상하게 두렵지 않다. 오히려 마음과 생각이 더욱 활발하게 움직인다. 새벽에 눈이 떠지고, 점심나절에 낮잠을 자며 이대로 깨어나지 못하는 건 아닌지 궁금하기도 하다. 요즘 드는 생각은 삶이 있어 죽음이 있는 게 아니라 죽음이 있기에 삶이 있다는 것이다. 절망이 있기에 희망이 있다. 절망이 없으면 희망도 없다.

이 척박하고 불공평한 세상에 한 톨의 씨앗처럼 나의 죽음이 뿌려지기를 기도한다. 화사한 꽃으로 피어날지, 달콤한 열매로 돌아올지, 아니면 이파리로 만족하게 될지는 미리부터 걱정할 문제는 아니다. 결과라는 목적에 나의 죽음을 가두고 싶지 않다. 죽음까지 타동사의 영역에 가두고 싶지는 않다. 세상이 말하는 좋은 죽음이 내게도 좋은 죽음인지는 아직 안 죽어봐서 모르겠으니 굳이 따르고 싶지 않다. 호상에도 자격이 있다면 나는 자격이 없는 사람이다. 창고를 가득 채운 과실의 양으로 성공과 실패를 속단한다면 나는 끝나는 순간까지 보잘것없는 인생이 되어야만 한다.

아무도 봐주지 않는 나를 뿌리듯 이 한 줄로 고백한다. 나는 버텨낼 것이다. 죽음 이후에도 버텨낼 것이다. 나의 글이 나를 대신해 버텨줄 것이다. 나의 생각은 앞으로도 계속해서 생각해나갈 것이다. 그 장소가 나의 육신이 아니어도 좋다. 그 동사의 주어는 내가 아니어도 좋다.

나는 농부다. 세상에서 가장 작지만 가장 넓은 밭을 일구는 농부다. 거름은 나의 삶이다. 죽지 않고는 그 무엇도 거름이 될 수 없다. 그래서 이 죽음은 자동自動이다.

망한 이야기를 써달라는 청탁을 받으면
나는 아주 기고만장한 얼굴이 된다

실패는 즐겁다. 실패와 절망이 미래를 결정지을 수 없다는 사실만 기억한다면 몇 번이든 감수할 수 있다. 쓰러짐은 대수롭지 않다. 쓰러진 후에 다시 일어서고 싶은 마음이, 일어설 수 있다는 자신감이, 쓰러지는 것이 무섭지 않다는 용기가 중요하다. 넘어졌다 일어나 보면 쓰러지지 않는 한 가지 방법을 알게 된다. 넘어졌더라도 다시 일어설 용기만 있다면, 두 번이든 세 번이든 넘어진 줄 알았는데 여전히 서 있는 자신을 보고 놀라게 될 것이다.

실패를 기억하는 것처럼 멍청한 짓은 없다. 지나간 실패를 기억하며 새로운 도전을 의심하는 것처럼 나약한 생각은 없다. 에디슨은 필라멘트 전구를 만들 때 육천 번이나 실패를 경험했다고 한다. 하지만 그는 육천 번 실패했다고 말하지 않았다. 필라멘트 전구를 만들 수 없는 육천 가지 방법을 알아냈다며 능청을 떨었다.

좌절은 누구도 가르쳐주지 않는 나만의 노하우다. 어째서 실패했고, 그 실패가 나를 어떻게 변화시켰는지 증언해주기 때문이다. 실패는 역사다. 한 번의 성공을 위해 수없이 많은 실패를 겪는다. 그 지긋지긋한 경험이 나만의 역사가 되어준다. 같은 실패를 반복하고 싶지 않다며 포기하는 사람들이 많다. 나 역시 그랬고, 혹은 지금도 그렇게 도망치고 있는지 모른다. 하지만 그렇게 도망쳐도 결국은 같은 실패를 반복하는 것이 인간이다. 차라리 마음을 내려놓고 그냥 한 번 더 실패하고 말겠다는 자포자기가 큰 능력이다.

최선을 다해 노력하고 보상받는 것도 중요하지만, 내가 이만큼 노력할 수 있는 사람이었다는 것을 확인하게 되는 것만으로도 보상이 될 때가 있다. 그리고 인생에서 보상이란 대부분 이런 자기만족이다. 눈에 보이는 성과보다 과정을 통과했다는 자부심에 가치를 둘 줄도 알아야 한다. 자부심은 내가 나에게 주는 보상이다. 누가 나를 인정해주지 않아도 최소한 나는 나를 인정해줄 수 있다. 남들은 실패했다며 손가락질해도 내 입장에서는 실패가 아니다. 적어도 나는 이 과정을 견디며 통과했기 때문이다. 그렇게 마음을 한 번씩 비워내야 한다. 채운 만큼 덜어내지 못하면 넘치다 못해 터져버릴 수 있다. 마음이라는 그릇이 깨져버리면 그것으로 진짜 끝이다.

지구상에 등장한 생물 중 미루는 것을 발견한 종은 오직 인간뿐이다. 인간만큼 변명거리를 그럴듯하게 잘 생각해내는 생물은 없다. 인간이 변명을 짜내 뒤로 미루는 이유는 마음이라는 그릇을 지키기 위해서다. 문제에 부딪혀 답이 안 나올 땐 생각을 멈추고 하루쯤 멀리 도망쳐도 좋다. 여기서 잘 안 보이면 자리를 옮겨볼 수도 있다. 거기서는 안 보이던 게 보일지도 모른다. 지금은 안 보이지만 조금 기다려주면 안개가 걷혀 훤히 보일 수도 있다. 비가 온 다음 날 개울을 건널 필요는 없다. 며칠 기다리면 물살이 약해져 물에 잠겼던 징검다리가 수면 위로 떠오를지도 모른다. 그런 기대를 갖고 뒤로 미루는 것이다. 그러다 실패할 수도 있지만 다음엔 이렇게 미루면 안 되겠구나, 적어도 한 가지 사실은 분명히 알게 된다.

관점에 따라 인생은 서커스가 될 수도 있고, 지뢰밭이 될 수도 있고, 수수께끼나 도박이 될 수도 있다. 성공과 실패를 나누는 것은 관점이다. 만약에 운명이라는 것이 실존한다면 그것은 지금 내가 바라보는 그곳이다. 운명은 나의 시선이다. 내가 바라보는 것이 곧 나의 운명이다.

인생을 '승부'로 바라보면 삶은 경기가 된다. 누군가를 지게 만들거나, 누군가에게 져야만 한다. 승리로 인한 기쁨보다 지고 싶지 않다는 두려움이 더 크게 보일 것이다.

인생에 '정상'이 있다고 믿는다면 삶은 내내 오르막이다. 오르막이 아닌 모든 환경이 실패가 된다. 평지도 실패, 내리막은 공포다. 무조건 어디가 됐든 기어올라야 한다. 높이 올라갈수록 여기서 멈추거나 떨어지면 모든 게 부서진다는 부담감으로 삶이 피폐해지는 것도 모른 채 감당할 수 없는 높이까지 오르고 또 오른다. 정상에 도착해서도 힘겹게 올라온 길을 돌아보며 기뻐하는 사람을 나는 본 적이 없다. 오히려 올라온 그 길로 다시 내려갈 수도 있다는 불안이 그들을 괴롭혔다. 그래서 또다시 오를 만한 뭔가를 찾아 허공에 손을 내민다. 돌림병처럼 하나의 정상에 도달하면 더 높은 목표를 향해 질주하려 덤벼든다. 그들을 보며 저런 인생이야말로 가장 무서운 실패가 아닐까 하고 생각했다.

어차피 시간이 지나면 사람은 관대해진다. 산다는 것은 결국 반복되는 시간의 연속이다. 특별히 얻은 것도 없고, 크게 잃은 것도 없다. 무엇을 위해 그토록 힘들게 살았는지 이제는 잘 기억나지도 않는다. 기나긴 꿈을, 거창하고 허황되지만 내 뜻과는 상관없었던 악몽과 흉몽의 중간쯤 되는 비몽사몽간에 나는 어느덧 팔십을 훌쩍 넘긴 나이가 되었다. 이런 내가 성공과 실패라는 담론을 거론하는 것 자체가 부끄럽다. 나의 소원은 크지 않다. 안전하게 죽기를 바란다. 아마도 모든 인생이 그러할 것이다. 나도 겉으로는 그게 다가 아닌 양, 인생에 다른 뭔가가 있는 것처럼 떠들고 다니지만 그건 사람들이 내게 기대하는 바를 외면할 수 없어 그렇다고 수긍해주는 것일 뿐이다. 내가 경험한 진실은 성공하면 좋고 실패하면 안 좋지만, 성공해도 안 좋을 수 있는 확률이 반, 실패해도 좋을 수 있는 확률이 반이더라는 것이다.

그러니 미련 갖지 말기를 바란다. 잘 풀렸다고 까불지 말고, 더럽게 안 풀린다고 세상을 원망해서도 안 된다. 지나고 보면 다 쓸데없는 마음이다. 지나고 보면 인생이란 무조건 좋다. 죽지 못해 살았던 그 시절마저 지나고 보면 그립다. 그 오욕의 한철을 견뎌낸 내 자신이 너무나도 예쁘고 자랑스럽다. 인간은 언제 어느 때나 스스로를 기망하며 자기 자신의 존엄을 손수 가꾸는 자기애의 표본이다. 교만과 과시는 인성의 근본이다. 실패가 고통스러운 이유는 나처럼 잘 배우고 열심히 살아온 사람이 실패했기 때문이다. 실패가 고통스럽지 않은 이유는 나처럼 잘 배우고 열심히 살아온 사람은 실패해도 이까짓 굴욕에 굴하지 않고 다시금 성공할 것이 분명하기 때문이다.

 삶이란 관점이다. 관점이 삶을 따라가진 않는다. 나는 지금 무엇을 바라보는가. 왜 그곳을 바라보는가. 나는 지금 나의 실패를 돌아보고 있다. 정확히는 세상의 잣대로 그어봤을 때 명확히 실패의 안쪽에 있는 나의 지나간 시간을 바라보고 있다. 그 실패를 고백하고 있다. 내가 실패하지 않았다면 아무도 내 이야기를 들어주지 않았을 것이다. 내가 실패하지 않았다면 나는 내가 살아온 시간들을 고백할 기회를 영원히 얻지 못했을 것이다. 사람들은 내가 실패한 이야기를 좋아한다. 어떻게 망했냐고 자꾸만 묻는다.

그 나이 먹고 그런 일을 겪었는데 어떻게 죽지 않고 살아 있을 수 있냐고 묻는다. 나는 실패한 이야기를 써서 빚을 갚았고, 작게나마 이름을 알렸고, 얼굴을 알지 못하는 독자들로부터 위로가 되었다며 감사인사를 전해 들었다.

이제는 나의 실패가 자랑이 되었다. 망가졌던 지난 삶이 없었더라면 지금의 이 행복은 없을 거라는 생각이 든다. 그토록 원망스러웠던 좌절과 실패가 이제는 고맙고 사랑스럽다. 그때 더 망가질걸, 그랬다면 더 많은 이야기를 펼쳐놓을 수 있었을 텐데……. 가끔은 그것밖에 실패하지 못한 나 자신이 분하고 억울해 한숨이 절로 나온다.

망한 이야기를 써달라는 청탁을 받으면 나는 아주 기고만장한 얼굴이 되어 책상 앞에 앉는다.

이런 내 모습을 자각할 때면 나는 반 고흐에게, 이중섭에게, 죽은 뒤에 유명해진 가난한 예술가들에게 죄를 지었다는 망령에 사로잡힌다. 너무 오래 살았다고 자책한다. 그러면서도 고생 끝에 낙이 온다는 속담을 지으신 조상님들께 감사하며 또 이렇게 펜을 드는 것이다.

이제는 나의 지나간 시간들이 즐겁고 재밌다. 그날에 그 힘겨운 시간들이 없었더라면 나는 이렇듯 누군가를 위해 글을 쓰는 사람이 될 수 없었을 테니까. 그 누구도 내 이야기를 들어주지 않았을 테니까. 재미없는 작가의 삶처럼 최악의 실패는 없다. 그렇다면 나는 꽤 성공한 사람이다.

바닥까지 떨어지고 나서야
내가 용감한 사람임을 깨달았다

나는 동물 중에 펭귄이 제일 싫었다. 엄연히 조류인 주제에 날개를 버렸다는 생각이 들어서다. 날개를 버린 이유는 날고 싶은 마음이 사라졌기 때문이라고 생각했다. 날고 싶은 마음이 사라진 이유는 펭귄이 자신이 새라는 것을 잊었기 때문이라고 생각했다. 하지만 잃어버린 건 자신이 새라는 사실이 아니라 하늘임을 펭귄은 모른다고 생각했다.

굽이치는 거센 파도에 몸을 내던지는 펭귄을 볼 때마다 그 우스꽝스러운 몸짓을 비웃었다. 뒤뚱거리며 육지에서 발버둥 치는 수난을 구경하며 재미있다고 손뼉을 쳤다. 지느러미가 된 날개를 보며 난 펭귄처럼 되지 말아야지, 펭귄처럼 타협하며 살지 말아야지 다짐했다.

그러던 어느 날 문득 이런 생각이 들었다. 모든 걸 잃고 가족과도 떨어져 초막 같은 허름한 집에 홀로 누워 하릴없이 텔레비전이나 보던 때의 일이다. 빙하에서 차가운 남극 바다로 뛰어드는 펭귄을 보며 펭귄이 정말 날개를 잃었는지 의구심이 들었다. 혹시 펭귄에겐 바다가 하늘이 아니었을까? 펭귄이 바다를 자신의 하늘로 택했을 때 펭귄의 날갯짓이 헤엄으로 바뀐 것처럼, 내 삶에도 내가 모르는 하늘이 있고 그 하늘에서 날갯짓을 할 기회가 한 번 더 찾아오지 않을까?

시점을 바꾸기만 하면 파도는 구름이 되고 추락은 비상이 된다. 펭귄은 물속에서, 차가운 북극의 해중에서 더 멀리 나아가는 길을 찾아냈다. 더 빨리 전진하는 법을 알아냈다. 더 많은 물고기를 잡을 수 있는 존재가 되었다. 바닥으로 떨어지는 것이 아니다. 바다로 날아오르는 것이다. 나도 그렇게 되고 싶었다.

지느러미처럼 둔탁해진 날갯죽지를 비굴하게 바라본 건 펭귄이 아니었다. 나 자신이었다. 바다를 내려다보는 눈동자에서 하늘을 잃은 설움을 읽어낸 것도 나였다. 물갈퀴가 얽힌 발가락을 애처로워하고, 뒤뚱대는 몸짓에 고개를 젓던 것도 전부 나였다. 펭귄을 하늘도 날지 못하는 새라고 비하한 것도 나였다. 펭귄의 도전과 진화를, 그 단단한 겨드랑이를 무시한 건 눈에 보이는 하늘만이 전부라 믿었던 오만하고 좁아터진 시선의 비루한 나였다. 바다에 떨어지면 오 분도 견디지 못하고 도망치는 나약한 나 자신이었다.

모두의 하늘이 나의 하늘은 아니었다. 날고 싶은 마음에 남들과 똑같은 하늘만 쳐다봤지만 끝내 추락하고 말았다. 그런데 이 또한 시점을 바꾸면 추락이 아닐 수도 있다. 내 앞에 바다가, 새로운 하늘이 펼쳐진 것일 수도 있겠다는 생각이 들었다. 오래전에 버렸던 원고지가 생각났다.

나의 겨드랑이에 하늘을 훼칠 만큼 그럴듯하게 뻗은 날개는 없다. 하지만 그것이 내가 날지 못한다는 증명이 되진 못한다. 하늘로 뛰어오르기는커녕 육지에서도 가장 느린 새가 바다에서는 가장 빠른 새가 되듯, 남들 눈에는 하찮게 보이는 나의 과거와 실패의 역사가 어딘가의 하늘에서는 찬란한 날갯짓으로 저 멀리 날아갈 수도 있는 것이다. 세상의 시점에서 그 날갯짓이 유치해 보여도 나는 이 몸부림을 사랑한다. 누군가의 하늘에서 나는 가장 느린 새였는지 몰라도 나의 하늘에서는 가장 행복한 새로 날아갈 수 있기 때문이다.

나의 하늘을 스스로 비웃지 않기를. 나의 하늘이 다른 하늘보다 낮다며 부끄러워하지 않기를. 그들이 높이 올랐다고 나도 그들만큼 높아져야 하는 것은 아니다. 나는 펭귄처럼 짧은 다리로 뒤뚱거리며 바다로, 나의 하늘로 향한다. 즐겁게 날아다닐 수 있는 곳이라면 어디든 마다하지 않는다. 지느러미처럼 못생긴 이 짧은 날개가 부끄럽지 않다. 깃털이 다 빠져 흉물스러운 오래된 뼈마디가 밉지 않다.

그곳이 나의 하늘이 아닌 줄 알면서도 떠나지 못한 이유는, 몇 번을 올랐다가 매번 추락해 상처받으면서도 미련스레 버텨낸 까닭은 인내심이 커서가 아니다. 그 하늘을 사랑해서도 아니다. 용기가 없어서였다. 더 이상 떨어질 수 없는 곳까지 떨어진 후에야 내가 용감한 사람임을 깨달았다. 그제야 내 안에도 펭귄처럼 용감한 본능이 숨어 있음을 발견했다. 너무 늦게 찾아내서 미안할 지경이었다. 나는 망설이지 않고 삶을 내던졌다. 나를 아는 사람들은 창피하지 않으냐고, 그래도 위신이 있지 그렇게까지 비굴하게 굴어야 하느냐고 만류했지만 들은 척도 하지 않았다.

그들은 나의 하늘이 아니었으니까. 나는 늙은 펭귄이 되어 뒤뚱거리며 바다를 향해 뚜벅뚜벅 걸어나갔다. 뒤뚱거리는 걸음이었지만 멈추지 않았다. 멈춰지지 않았다.

난생처음 차디찬 바닷물 속으로 뛰어들었을 때 살아 있음의 환희가 온몸으로 퍼져나갔다. 갓난아기로 돌아간 것 같았다. 시간을 회귀해 수만 년 전의 원시인이 불을 찾고, 내려치는 번개에서 신성한 존재를 느끼고, 까만 하늘에 홀로 빛나는 머나먼 별빛에서 끝없는 우주를 의심했듯이, 나는 처음으로 나만의 시간을 갖게 되었다. 그것은 정제되지 않은 삶이었다. 그리고 아름다웠다.

칠십여 년의 세월 동안 나는 처절히 정제되었다. 그렇게 하얀 설탕이 되어 타인을 만족시키는 달콤한 첨가물이 되었고, 급할 때 언제든 꺼내먹는 햇반 같은 사람이 되었고, 서점에 진열된 자기계발서처럼 농축된 경력이 되었다. 그러나 차가운 바닷물 속에 뛰어든 후에야 알게 되었다. 사탕수수에겐 태양 아래서의 삶이 더욱 달콤했으며, 무르익은 충만함에 고개를 떨군 벼이삭의 입김은 시린 가을바람에 맞섰을 때 더욱 뜨거웠다는 것. 그리고 아직 아무도 읽어보지 못한, 완성되지 못한 한 줄의 문장이 작가의 영혼을 구원한다는 것.

　내게도 원시의 날들이 있었을 것이다. 정제라는 과정을 거쳐 사탕수수는 설탕이 되고, 기름진 벼는 햇반이 되고, 작가의 영혼은 인쇄기 소음 속에 검은 글씨가 된다. 모든 과정에는 진실을 사라지게 만든다는 공통점이 있다. 아메리카노 한 잔에 녹아든 달콤한 시럽에서 사탕수수를 떠올리는 사람은 없다. 전자레인지로 데운 밥알에서 풍성했던 달밤의 고독을 맛보는 사람은 없다. 한 줄의 글귀로 상처받은 기분을 어루만질 뿐, 그 한 줄에 담긴 일생의 고뇌를 스스로 찾아 나서는 사람은 없다. 우리 모두는 그저 결실을 향해 달려간다. 완성된 하늘을 수놓는 아름다운 날갯짓이 되기를 소원한다. 추락하면 다시는 날아오르지 못할 거라고 단정 짓는다.

　하지만 나는 이렇게 하얀 종이 위를, 나의 하늘을 날아다니고 있다. 종이 위를 날아다니는 파커 만년필 한 자루, 이것이 나의 날개다. 이제는 아무도 쓰지 않는 이백 자 원고지 한 장의 높이, 그것이 나의 하늘이다. 이 글을 읽는 누군가가 존재한다면, 그는 내가 흔든 날갯짓이다. 그가 가는 곳에 나도 따라갈 것이다. 이 작은 날갯짓이 누군가를 흔드는 바람이 되었으면 좋겠다. 그 작은 바람에 몸을 싣고 어딘가로 날아오르고 싶은 기분을 느껴준다면 좋겠다. 이 높고 넓은 세상으로 나아갔으면 좋겠다. 그곳에서 정제되지 않은 삶을, 완성되지 않는 시간을 누렸으면 좋겠다. 멈추지 않는 걸음이 되었으면 좋겠다.

  그런 생각을 하면, 나는 지금 아주 많이 행복하다.

마지막
소원

　인생은 무거우면서도 빠르다. 마감시간에 쫓겨 생각나는 대로 휘갈겨 썼던 토막기사 같다. 오자와 비문이 가득한 퇴고하지 못한 원고 같은 삶이다. 상처 입혔고 상처받았다. 의지하는 사람들을 배신했고, 걱정해준 이들을 이용했다. 찰나엔 좋았다. 이긴 것처럼 보였다. 똑똑하게 나만 살아남은 것 같았다. 하지만 그 일들이 뇌리에서 지워지질 않는다. 아무리 시간이 흘러도 사라지지 않는다. 사라져주지 않는 기억들이 이제는 무섭다.

　예전 기억이 꿈으로 나타날 때가 있다. 가위에 눌려 잠이 깬다. 아무것도 생각하고 싶지 않은 아침이다. 후회가 무너진 댐처럼 감정의 수해를 일으킨다. 수치심으로 시작되는 하루는 늙음의 특권이다. 젊음은 부끄러운 것이 없다. 그들은 아무것도 잘못한 게 없기 때문이다. 아침에 눈을 떴을 때, 아무런 이유 없이 부끄러움이 느껴진다면 그것이 바로 나이 들었다는 증거다.

나에게 미래란 과거의 또 다른 이름일 뿐이다. 얼마 남지 않은 미래는 지나온 과거에 의해 이미 더럽혀져 있다. 나에게 미래란 일어나지 않은 후회다. 나는 그렇게 내일을 어두웠던 어제로 만들어버린다. 수십 년 전 상처를 날마다 후벼 파내 새로운 상처로 만들어버린다. 다른 사람이 날 용서해도 나는 나를 용서하지 못한다. 악순환이다. 마음이 점점 더 피폐해진다. 이미 끝나버린 아픔에서 벗어나지는 못할망정 날마다 옛 상처들을 새롭게 터뜨려 새로운 상처를 만들어낸다.

나는 최선을 다해 발버둥을 쳤다. 낼 수 있는 모든 힘을 쏟아부었다. 하지만 이유를 몰랐다. 과연 내가 살아냈다고 말해도 되는지 고민이다. 그저 이 세상 어딘가에 존재했던 것뿐은 아닐까. 나 자신이 너무 한심하다.

나는 지금도 사는 이유를 모른다. 절망은 매일 밤 발밑에서 뱀처럼 스멀거린다. 절망에서 벗어나기 위해 나는 꿈을 꾼다. 내가 왜 그런 사람이 되어야만 하는지를 생각한다. 그러지 않고서는 발길을 붙잡는 이 흐릿한 안개는 사라져주지 않는다. 나는 헛된 존재가 아니다. 세상에 널린 수많은 이름 가운데 하나도 아니다. 누구도 대신할 수 없는, 나라는 사람으로 세상에 기록되고 싶다. 그 망상 같은 자의식이야말로 삶의 근원이다. 다르고 싶다는 것, 다르게 살겠다는 것, 따라가지 않겠다는 것, 흉내 내지 않는 삶을 찾겠다는 것. 찾을 수 없다면 만들어버리겠다는 마음. 그것이 인생의 유일한 이유다. 인생의 이유를 찾는 길고도 고통스러운 여정이 인생의 이유다.

과일이 익기 위해 계절이 필요하듯, 삶이 무르익는 데도 시간이 필요하다. 왜 이리 오래 걸리느냐고 푸념하고 싶은 마음을 이해한다. 늘 제자리를 맴도는 것 같은 불안감도 이해한다. 생활에 새로운 변화가 일어나야만 이 답답한 체증이 확 풀려버릴 것 같은 조급함도 이해한다.

마음이 급해질 때는 멀리 내다보려고 노력한다. 삶에는 중심이 있어야 한다. 어느 한쪽으로 기울어지지 않도록 균형을 잡아주는 것이 중요하다. 핸들을 잡고 자동차를 운전한다고 핸들만 바라보지는 않듯이, 먼 데까지 시야를 확보

하면 손이 자연스레 필요한 방향으로 핸들을 움직이듯이, 인생도 운전이나 다름없다. 직업이란 비유컨대 핸들 같은 것이다. 내가 어떤 일을 하든, 그 일이라는 형태가 목적이 될 순 없다. 초보운전자는 앞을 내다볼 생각은 않고 붙잡은 핸들에 시선을 고정시킨다. 온 신경이 핸들에 쏠려 있다. 앞으로 나가기 위해 차를 탔는데 정작 관심은 온통 핸들뿐이다.

나도 인생에서 이런 실수를 숱하게 반복했다. 인생을 사는 데 특별한 이유가 없다고 생각했던 시절에는 어쩔 수 없이 핸들에 집중할 수밖에 없었다. 직장, 연봉, 학업, 사랑, 우정은 핸들이다. 핸들이 목적지로 둔갑됐을 때, 훗날을 내다보지 못한 채 지그재그로 삶의 중심을 잃고 흔들렸다. 앞으로 가고는 있는데 어디로 가는지는 안중에도 없었다. 내가 왜 그리로 가야 하는지도 몰랐다. 뒤늦게 인생에 대해 고민하면서 내가 살아온 시간을 반추해봤지만 그때 왜 그랬는지, 지금은 또 왜 이런지 나는 아무런 대답도 내놓을 수 없었다.

산다는 것은 그 자체로 시험이다. 객관식처럼 하나를 고르기만 하면 될 것 같은데 막상 골라놓고 보면 정답이 없다. 주관식으로 적어놓고 보면 내 대답이 그럴싸한데 또 이게 다는 아닐 것 같다는, 고작 이 정도가 아닐 거라는 아쉬움과 안타까움이 가시질 않는다. 그렇다고 노력하지 않은 것도 아니고, 나쁜 짓을 저지른 것도 아니다. 늘 최선을 다했다. 최선을 다했기에, 누구보다 노력했기에 실망과 답답함이 비례해서 커진다. 세월이 흐른 뒤에 돌아보니 노력도, 최선도 결국은 핸들에 불과했다.

사회는 평등하지 않다. 누군가는 나의 도착지에서 출발할 것이다. 그런 일로 상처받고 싶지 않았다. 그래서 '어디까지'를 버리고 '언제까지'로 방향을 수정했다. 내 책이 베스트셀러가 되는 일은 없을 것이다. 백만 부가 나가는 일도 벌어지지 않을 것이다. 하지만 좋다. 나의 방향은 몇 권이나 팔렸느냐가 아니니까. 언제까지 썼느냐가 나의 방향이니까. 그 방향에서 나는 굉장한 성공을 이루었다. 모르긴 해도 나는 아마 죽기 전날, 아니 죽기 몇 시간 전까지도 글을 쓰고 있을 것이다. 죽는 순간에도 아직 쓰지 못한 다음 문장을 생각하고 있을 것이다. 그것이 가족에게 전하는 마지막 말이라도 좋다.

성공과 실패는 내 마음이 스스로 결정해주리라 믿는다.

동일한 환경에서도 사람들 반응은 제각각이다. 환경이, 출발선이 인생에 영향을 미칠 수는 있어도 인생을 결정짓지는 못한다. 브리태니커 백과사전에 등재된 위인 중 육십 퍼센트가 중산층 이하의 가정에서 태어났다. 오십 퍼센트는 인생에 한 번 이상 심각한 심리적 장애를 겪었고, 사십 퍼센트는 유년기에 학대를 경험했다. 환경은 그들의 출발선을 기준점 이하로 낮춰놓았다. 평균적 상태에 도달하는 것만 해도 그들에겐 버거운 일이었을 것이다. 하지만 누군가는 그 이상을 해냈다. 물론 실패하고 지워진, 기억되지 못하는 인생들은 그보다 열 곱절은 더 많을 것이다. 나 또한 실패의 커트라인으로 분류될 확률이 높다.

누구나 걸을 수 있는 포장된 길만이 길은 아니다. 잡초가 무성하고 가시덤불이 발목을 덮고 뾰족한 가지들이 눈을 찌르지만, 한 번만 무사히 그 험한 골짜기를 내 발로 지나가면 두 번째부터는 그 골짜기도 길이 된다. 그것도 나만의 길이 된다. 인생은 야구가 아니다. 누군가는 대기타석에서 시작할 때, 운 좋은 누군가는 삼루에서 출발하는 불공평한 게임을 굳이 받아들일 이유가 있을까. 모두가 홈에서 세이프를 노릴 때, 나는 담장을 넘어가 관중석으로 뛰어올라 경기장 밖으로 나가버릴 수도 있는 거다. 거기서 새로운 게임을, 아무도 알아주지 않지만 나만의 게임을 찾게 될지도 모를 일이다.

선택은 숙명이다. 인생의 모든 순간이 선택에 달렸다. 행복, 건강, 안정, 재산, 우정, 가족, 희망도 내가 어떤 선택을 내리느냐에 따라 그 모습이 달라진다. 인생에서 무엇을 선택하고 무엇을 거절할지는 전적으로 내 책임이다. 삼루에 서 있는 운 좋은 사람들만 쳐다봤다면 내 인생은 대타나 대주자로 끝났을 것이다. 나는 그러고 싶지 않았다. 그래서 외야로 달려나갔다. 담장을 뛰어넘었다. 관중석으로 난입했고 경기장을 빠져나갔다. 내 인생에서 가장 멋지고 재미난 게임이 그곳에 있었다. 그날 나는 협심증 환자였고, 주머니에는 니트로글리세린이라는 독약이 들어 있었다. 의료보험은 십 개월 미납으로 정지되었으며, 친구들은 나를 부르지 않은 모임에서 저 지경이 되어서도 왜 자살하지 않고 살아 있는지 모르겠다는 말을 했다. 어느 사채업자는 학교에 있는 내 아들을 찾아가 내가 죽을 때를 대비해 상속포기 서류를 미리 만들어두라고 일러주었다. 그래야만 내가 죽은 후 내가 남긴 빚더미에서 해방될 수 있다고 조언했다.

    세상은 남의 것을 빼앗아야만 살 수 있는 것처럼 홍보한다. 눈에 보이는 광경은 온통 경쟁뿐. 빼앗긴 자들은 패배자로 규정되고, 빼앗은 자들은 승리자처럼 탐욕의 월계관을 자랑한다. 사회는 아무것도 뺏기지 말라고 충동질한다. 더 많이 가져야만 행복해진다고 끝없이 지껄여댄다. 한때는 나도 그 가르침에 충실했다. 한번 손에 쥔 것은 내놓지 않았다. 나보다 가진 게 적다고 생각되는 사람들을 비웃었다. 나보다 가진 게 많다고 생각되는 사람들 앞에서 비굴했다. 그러던 어느 날 생각했다. 지금 내가 갖고 있는 것들은 누군가로부터 빼앗았거나, 앞으로 누군가에게 빼앗길 것들뿐이구나. 영원할 거라 믿었던 소유물들이 손가락 사이로 물거품처럼 빠져나가는 걸 보면서 실감했다. 직장, 집, 자동차, 은행예금 등은 분명 내 명의의 소유물이다. 하지만 언제까지 내 것으로 남아줄까. 그것들은 언젠가는 다른 사람의 소유가 되거나, 아니면 이 땅에서 영원히 사라져야 한다. 사라질 것들에 얽매여 나는 나를 지워왔구나. 늦은 깨달음이었다.

    인생은 그런 것이다. 언젠가는 아무도 모르는 먼 곳으로 떠날 수밖에 없는 운명이지만 시간은 영원히 남는다. 다만 그 시간 속에 내가 없고, 나를 아는 이들이 없고, 내가 사랑하고 미워했던 것들도 나와 함께 사라진다. 인생은 시간 속에 숨겨진 몇십 년에 불과하다. 언젠가는 무한한 시간으로 돌아가야 한다. 언젠가는 시간에게 내 인생을 돌려줘야 한다.

삶이 내 것이라 믿었기에 나 자신에게 무책임했다. 이건 너의 것이고 이건 나의 것이다, 라는 구분이 얼마나 어리석은 짓이었는지를 깨달았다. 나의 삶은 나만의 것이 아니다. 나의 삶은 우리 모두의 삶에 속한 일부다. 작은 삶을 탐하느라 더 크고 많은 삶을 놓쳤기 때문에 나는 불행해졌다. 나만의 행복을 위해 산다는 방향처럼 외롭고 안타까운 길은 없다. 나의 시간이 오로지 나 한 사람의 시간으로 끝난다는 건 후회의 기억을 일부러 쌓아가는 것이다.

이제 남은 소원은 하나다. 내일은 눈이 떠졌을 때, 오늘보다 더 많은 이름이 떠올랐으면 좋겠다. 오늘보다 더 많은 사람에게 나의 내일을 나눠줄 수 있었으면 좋겠다. 그 아름다운 방향으로 조금만 더 가보고 싶다.

에필로그

세상과의 마지막 작별 모습

 내가 아는 어느 미술가는 부친의 장례를 치른 후, 화장터에서 분신하고 남은 뼛가루를 모아 거기에 물을 타서 흰 물감 삶아 그림을 그렸다. 나는 백지의 여백에 순백의 재로 환원된 인간의 골수를 덧칠해나가는 작업을 구경했다. 그녀는 오로지 흰 물감만으로 더럽혀지지 않은 캔버스를 칠해나갔다.

 오욕으로 덧칠해진 자괴 섞인 현실에서 벗어나 마침내 순백의 세계로 입성한 인간의 죽음이 무채색으로 덧입혀지는 과정을 지켜보면서 윤리적 공황이라든가, 변태적 일탈 같은 법률과 과학의 이분법이라는 것이 실존이라는 명제에 우선으로 반응하는 개인의 삶에서는 아무 쓸모가 없음을 떠올리게 되었다.

그녀는 단지 부친의 유골을 물에 풀어 유골만큼이나 깨끗한 캔버스에 꼼꼼히 덧바를 뿐이었다. 나는 그것이 무엇을 의미하는지 지금도 모르겠다. 일견 무의미해 보였던 그 작업에 어떤 이상이 감춰져 있는지를 잘 모르겠다. 부친의 생애 중 일부를 공유하는 딸의 입장에서는 무척이나 숭고한 개인적인 감상이 필연으로 더해졌을 테지만, 타인인 나로서는 인의에 어긋나는 예술가의 돌발적 기질을 눈으로 확인하게 된 듯싶어 그녀와의 연락을 단절하는 명분이 되었다.

문득 그날의 감상이 지금 내 마음을 스치는 까닭은 무채색으로 가득한 젊은 인생들 앞에 그간 비겁하게 감추려 했던 더럽혀진 인생의 탁한 편린들을 흩뿌리고 있지는 않은가, 예사롭지 않은 두려움의 정체를 깨달았기 때문이다.

혹자는 내게서 상심을 읽고 가고, 혹자는 내게서 모욕당한 수모를 안고 갈지도 모른다. 적나라하다는 것이 반드시 진실을 뜻하지는 않으므로 가차 없는 드러냄에 실망하게 된 점도 있을 것이다. 삶을 드러내는 예술에서 상징적 묘시는 예술성 그 자체라고 할 수 있다. 아픔을 표현하기 위해 살을 도려내는 장면과 비명이 난무하는 의성어가 문학에서까지 출몰할 필요는 없겠지만, 편집증에 가까운 추적이야말로 오직 글로써 전해지는 정신의 한 형태라는 믿음을 배신할 용기가 없었다.

동일한 형태의 음성기호를 기억하는 이들에게 세계를 구성하는 나의 일부를 평등하게 드러낼 수 있다는 환희야말로 글이 가진 힘이며, 인간이 글로 회귀되는 감춰진 기적의 실상이라고 믿는다. 그 믿음이 지금껏 무명의 시절을 버텨내게 한 과대망상의 본질이자, 내가 세상에서 사라진 뒤에도 누군가의 삶에서 그들의 언어로 회귀될 것이라는 간절한 소원의 한 축이었다.

나의 삶이 드물다는 평가에 나는 고개를 젓는다. 우리 모두의 삶은 매우 드문 현상이다. 언뜻 비슷해 보여도 각자의 순간에는 그들만의 희열과 좌절, 치유되지 않은 상처들이 가득하리라고 생각한다. 따라서 나는 이것이 나에 대한 이야기라고는 단 한 번도 생각해보지 않았다. 다만 철학이 일컫는 '선험(경험에 앞서 선천적으로 가능한 인식 능력)'이라는 개념을 인용해 장래나 가까운 시일에 자기만의 고뇌와 절망이 닥쳤을 때, 당장의 본성에만 의지하는 일

없이 뇌리 한 켠에 도사리고 있는 이 서글픈 기록을 한 장 들춰봐 줬으면…… 하고 바랄 뿐이다.

그것이 내가 준비하는 세상과의 마지막 작별 모습이다.

문이 닫히면 어딘가 창문은 열린다

초판 1쇄 발행 2024년 10월 30일
초판 2쇄 발행 2024년 11월 20일

지은이 김욱
펴낸이 서선행

책임편집 이하정
디자인 어나더페이퍼

펴낸곳 서교책방 **출판등록** 2024년 3월 27일 제 2024-000037호
전화 070) 7701-3001
이메일 seokyo337@naver.com
종이 ㈜월드페이퍼 **인쇄·제본** 더블비

ISBN 979-11-987524-9-9 (03810)

- 책값은 뒤표지에 있습니다.
- 파본은 구입하신 서점에서 교환해드립니다.
- 이 책은 저작권법에 의하여 보호를 받는 저작물이므로 무단 전재와 복제를 금합니다.

㈜서교책방은 독자 여러분의 책에 관한 아이디어와 원고 투고를 기다리고 있습니다.
책 출간을 원하시는 분은 이메일 seokyo337@naver.com으로 간단한 개요와 취지, 연락처 등을 보내주세요.

When a door closes, somewhere a window opens.